U0784582

欣悉我的著作系列即将在中国人民大学出版社出版，结构主义人类学理论亦将在有着悠久文明历史的中国继续获得系统的研究，对此我十分高兴。值此之际，谨祝中国的社会科学取得长足进步。

克洛德·列维－斯特劳斯
2006年1月13日
于法兰西学院社会人类学研究所

Claude Lévi-Strauss

列维-斯特劳斯文集

12 看·听·读

REGARDER ÉCOUTER LIRE

[法] 克洛德·列维-斯特劳斯 / 著
Claude Lévi-Strauss
顾嘉琛 / 译

中国人民大学出版社
·北京·

克洛德·列维－斯特劳斯

总　序

克洛德·列维-斯特劳斯为法兰西学院荣誉退休教授，法兰西科学院院士，国际著名人类学家，法国结构主义人文学术思潮的主要创始人，以及当初五位“结构主义大师”中今日唯一健在者。在素重人文科学理论的法国文化中，第二次世界大战后两大“民族思想英雄”之代表应为：存在主义哲学家萨特和结构主义人类学家列维-斯特劳斯。“列维-斯特劳斯文集”（下称“文集”）中文版在作者将届百岁高龄之际由中国人民大学出版社出版，遂具有多方面的重要意义。简言之，“文集”的出版标志着中法人文学术交流近年来的积极发展以及改革开放政策实施以来中国人文社会科学所取得的一项重要学术成果，同时也显示出中国在与世界学术接轨的实践中又前进了一大步。关于作者学术思想的主旨和意义，各位译者均在各书译后记中作了介绍。在此，我拟略谈列维-斯特劳斯学术思想在西方人文社会科学整体中所占据的位置及其对于中国人文社会科学现代化发展所可能具有的意义。

列维-斯特劳斯的学术思想在战后西方人文社会科学史上占有独特的地位，其独特性首先表现在他作为专业人类学家和作为结构主义哲学家所具有的双重身份上。在人类学界，作为理论人类学家，50年来其专业影响力几乎无人可及。作为“结构主义哲学家”，其声势在结构主义运动兴盛期间竟可直逼萨特，甚至曾一度取而代之。实际上，他是20世纪六七十年代法国结构主义思潮的第一创始人，其后结构主义影响了法国甚至西方整整一代文化和学术的方向。比萨特更为重要之处则表现在，其影响不限于社会文化思潮方面，而是同时渗透到人文社会科学的各个专业领域，并已成为许多学科的重要理论和方法论的组成部分。可以说，列维-斯特劳斯的结构主义在诸相关学科领域内促成了各种多学科理论运作之交汇点，以至于以其人类学学科为中心可将其结构理论放射到许多其他相关学科中去；同时作为对传统西方哲学的批评者，其理论方法又可直接影响人文社会科学的认识论思考。

当然，列维-斯特劳斯首先是一位人类学家。在法国学术环境内，他选择了与英美人类学更宜沟通的学科词 anthropology 来代表由自己所创新的人类学—社会学新体系，在认识论上遂具有重要的革新意义。他企图赋予“结构人类学”学科的功能也就远远超过了通常人类学专业的范围。一方面，他要将结构主义方法带入传统人类学领域；而另一方面，则要通过结构人类学思想来影响整个人文社会科学的方向。作为其学术思想总称的“结构人类学”涉及众多学科领域，大致可包括：人类学、社会学、考古学、语言学、哲学、历史学、心理学、文学艺术理论（以至于文艺创作手法），以及数学等自然科学……结果，20世纪60年代以来，他的学术思想不仅根本转变了世界人类学理论研究的方向，而且对上述各相关学科理论之方向均程度不等地给予了持久的影响，并随之促进了现代西方人文社会科学整体结构和方向的演变。另外，作者早年曾专修哲学，其人类学理论具有高度的哲学意义，并被现代哲学界视为战后法国代表性哲学家之一。他的哲学影响力并非如英美学界惯常所说的那样，仅限于那些曾引起争议的人生观和文化观方面，而是特别指他对现代人文社会科学整体结构进行的深刻反省和批评。后者才是列维-斯特劳斯学术理论思想的持久性价值所在。

在上述列举的诸相关学科方法论中，一般评论者都会强调作者经常谈到的语言学、精神分析学和马克思哲学对作者结构人类学和神话学研究方式所给予的重大影响。就具体的分析技术面而言，诚然如是。但是，其结构主义人类学思想的形成乃是与作者对诸相关传统学科理论方向的考察和批评紧密相连的。因此更加值得我们注意的是其学术思想形成过程中所涉及的更为深广的思想学术背景。这就是，结构人类学与20世纪处于剧烈变动中的法国三大主要人文理论学科——哲学、社会学和历史学——之间的互动关系。作者正是在与此三大学科系列的理论论辩中形成自己的结构人类学观念的。简言之，结构人类学理论批评所针对的是：哲学和神学的形而上学方向，社会学的狭义实证主义（个体经验主义）方向，以及历史学的（政治）事件史方向。所谓与哲学的论辩是指：反对现代人文社会科学继续选择德国古典哲学中的形而上学和本体论作为各科学术的共同理论基础，衍生而及相关的美学和伦理学等部门哲学传统。所谓与社会学的论辩是指：作者与法国社会学和英美人类学之间的既有继承又有批判的理论互动关系。以现代“法国社会学之父”迪尔凯姆（Emile Durkheim）为代表的“社会学”本身即传统人种志学（ethnography）、人种学（ethnology）、传统人类学（anthropology）、心理学和语言学之间百年来综合互动的产物；而作为部分地继承此法国整体主义新实证社会学传统的列维-斯特劳斯，则是在扩大的新学术环境里进一步深化了该综合互动过程。因此作者最后选用“结构人类学”

作为与上述诸交叉学科相区别的新学科标称，其中蕴含着深刻的理论革新意义。所谓与历史学的论辩是指：在历史哲学和史学理论两方面作者所坚持的历史人类学立场。作者在介入法国历史学这两大时代性议题时，也就进一步使其结构人类学卷入现代人文社会科学认识论激辩之中心。前者涉及和萨特等历史哲学主流的论辩，后者涉及以年鉴派为代表的150年来有关“事件因果”和“环境结构”之间何者应为“历史性”主体的史学认识论争论。

几十年来作者的结构人类学，尽管在世界上影响深远，却也受到各方面（特别是一些美国人类学和法国社会学人士）的质疑和批评，其中一个原因似乎在于彼此对学科名称，特别是“人类学”名称的用法上的不同。一般人类学家的专业化倾向和结构人类学的“泛理论化”旨趣当然会在目标和方法两方面彼此相异。而这类表面上由于学科界定方式不同而引生的区别，却也关系到彼此在世界观和认识论方面的更为根本的差异。这一事实再次表明，列维-斯特劳斯的人类学思想触及了当代西方人文理论基础的核心领域。与萨特以世界之评判和改造为目标的“社会哲学”不同，素来远离政治议题的列维-斯特劳斯的“哲学”，乃是一种以人文社会科学理论结构调整为目的的“学术哲学”。结构主义哲学和结构人类学，正像20世纪西方各种人文学流派一样，都具有本身的优缺点和影响力消长的过程。就法国而言，所谓存在主义、结构主义、后结构主义的“相互嬗替”的历史演变，只是一种表面现象，并不足以作为评判学派本身重要性的尺度。当前中国学界更不必按照西方学术流派演变过程中的一时声誉及影响来判断其价值。本序文对以列维-斯特劳斯为首的结构主义的推崇，也不是仅以其在法国或整个西方学界中时下流行的评价为根据的，而是按照世界与中国的人文社会科学整体革新之自身需要而加以评估的。在研究和评判现代西方人文社会科学思想时，需要区分方向的可取性和结论的正确性。前者含有较长久的价值，后者往往随着社会和学术条件的变迁而不断有所改变。思想史研究者均宜于在学者具体结论性话语中体察其方向性含义，以最大限度地扩大我们的积极认知范围。今日列维-斯特劳斯学术思想的价值因此不妨按照以下四个层面来分别评定：作为世界人类学界的首席理论代表；作为结构主义运动的首席代表；作为当前人文社会科学理论现代化革新运动中的主要推动者之一；作为中国古典学术和西方理论进行学术交流中的重要方法论资源之一。

20世纪90年代以来，适逢战后法国两大思想运动“大师凋零”之会，法国学界开始了对结构主义时代进行全面回顾和反省的时期，列维-斯特劳斯本人一生的卓越学术贡献重新受到关注。自著名《批评》杂志为其九十华诞组织专辑之后，60年代初曾将其推向前台的《精神》期刊2004年又为其组编了特刊。我们不妨将此视作列维-斯特劳斯百岁寿诞“生平回顾”纪念活动之序幕。2007年夏将在芬兰举办的第9届国际符号学大会，亦将对时届百龄的作者表达崇高的敬意。凡此种种均表明作者学术思想在国际上所享有的持久影响力。列维-斯特劳斯和结构主义的学术成就是属于全人类的，因此也将在不断扩展中的全人类思想范围内，继续参与积极的交流和演变。

作为人类文化价值平等论者，列维-斯特劳斯对中国文化思想多次表示过极高的敬意。作者主要是通过法国杰出汉学家和社会学家格拉内（Marcel Granet）的著作来了解中国社会文化思想的特质的。两人之学同出迪尔凯姆之门，均重视对文化现象进行整体论和结构化的理论分析。在2004年出版的《列维-斯特劳斯纪念文集》（L'Herne出版社，M. Izard主编）中有Yves Goudineau撰写的专文《列维-斯特劳斯，格拉内的中国，迪尔凯姆的影子：回顾亲属结构分析的资料来源》。该文谈到列维-斯特劳斯早年深受格拉内在1939年《社会学年鉴》发表的专著的影响，并分析了列维-斯特劳斯如何从格拉内的“范畴”（类别）概念发展出了自己的“结构”概念。顺便指出，该纪念文集的编者虽然收进了几十年来各国研究列维-斯特劳斯思想的概述，包括日本的和俄罗斯的，却十分遗憾地遗漏了中国的部分。西方学术界和汉学界对于中国当代西学研究之进展，了解还是十分有限的。

百年来中国学术中有关各种现代主题的研究，不论是政经法还是文史哲，在对象和目标选择方面，已经越来越接近于国际学术的共同标准，这是社会科学和自然科学全球化过程中的自然发展趋势。结构主义作为现代方法论之一，当然也已不同程度上为中国相关学术研究领域所吸纳。但是，以列维-斯特劳斯为首的法国结构主义对中国学术未来发展的主要意义却是特别与几千年来中国传统思想、学术、文化研究之现代化方法论革新的任务有关的。如我在为《国际符号学百科全书》（柏林，1999）撰写的“中国文化中的记号概念”条目和许多其他相关著述中所言，传统中国文化和思想形态具有最突出的“结构化”运作特征（特别是“二元对立”原则和程式化文化表现原则等思考和行为惯习），从而特别适合于运用结构主义符号学作为其现代分析工具之一。可以说，中国传统“文史哲艺”的“文本制作”中凸显出一种结构式运作倾向，对此，极其值得中国新一代国学现代化研究学者关注。此外，之所以说结构主义符号学是各种现代西方学术方法论中最适合中国传统学术现代化工作之需要者，乃因其有助于传统中国学术思想话语（discourse）和文本（text）系统的“重新表述”，此话语组织重组的结果无须以损及话语和文本的原初意涵为代价。反之，对于其他西方学术方法论而言，例如各种西方哲学方法论，在引入中国传统学术文化研究中时，就不可避免地会把各种相异的观点和立场一并纳入中国传统思想材料之中，从而在中西比较研究之前就已“变形”了中国传统材料的原初语义学构成。另一方面，传统中国文史哲学术话语是在前科学时代构思和编成的，其观念表达方式和功能与现代学术世界通行方式非常不同，颇难作为“现成可用的”材料对象，以供现代研究和国际交流之用。今日要想在中西学术话语之间（特别是在中国传统历史话语和现代西方理论话语之间）进行有效沟通，首须解决二者之间的“语义通分”问题。结构主义及其符号学方法论恰恰对此学术研究目的来说最为适合。而列维-斯特劳斯本人的许多符号学的和结构式的分析方法，甚至又比其他结构主义理论方法具有更直接的启示性。在结构主义研究范围内的中西对话之目的绝不限于使中国学术单方面受益而已，其效果必然是双向的。中国研究者固然首须积极学习西方学术成果，而此中西学术理论“化合”之结果其后必可再反馈至西方，以引生全球范围内下一波人类人文学术积极互动之契机。因此，“文集”的出版对于中国和世界人文社会科学方法论全面革新这一总目标而言，其意义之深远自不待言。

“文集”组译编辑完成后，承蒙中国人民大学出版社约我代为撰写一篇“文集”总序。受邀为中文版“列维-斯特劳斯文集”作序，对我来说，自然是莫大的荣幸。我本人并无人类学专业资格胜任其事，但作为当代法国符号学和结构主义学术思想史以及中西比较人文理论方法论的研究者，对此邀请确也有义不容辞之感。这倒不是由于我曾在中国最早关注和译介列维-斯特劳斯的学术思想，而是因为我个人多年来对法国人文结构主义思潮本身的高度重视。近年来，我在北京（2004）、里昂（2004）和芬兰伊马特拉（2005）连续三次符号学国际会议上力倡此意，强调在今日异见纷呈的符号学全球化事业中首应重估法国结构主义的学术价值。而列维-斯特劳斯本人正是这一人文科学方法论思潮的主要创始人和代表者。

结构主义论述用语抽象，“文集”诸译者共同努力，完成了此项难度较大的翻译工作。但在目前学术条件下，并不宜于对译名强行统一。在一段时间内，容许译者按照自己的理解来选择专有名词的译法，是合乎实际并有利于读者的。随着国内西学研究和出版事业的发展，或许可以在将来再安排有关结构主义专有名词的译名统一工作。现在，“文集”的出版终于为中国学界提供了一套全面深入了解列维-斯特劳斯结构主义思想的原始资料，作为法国结构主义的长期研究者，我对此自然极感欣慰，并在此对“文集”编辑组同仁和各卷译者表示诚挚祝贺。

李幼蒸 2005 年 12 月
国际符号学学会（IASS）副会长
中国社会科学院世界文明研究中心特约研究员

Claude Lévi-Strauss

de l'Académie française

REGARDER ÉCOUTER LIRE

PLON

原书封面

CLAUDE LÉVI-STRAUSS
de l'Académie française

REGARDER ÉCOUTER LIRE

PLON
76, rue Bonaparte
Paris

原书扉页

目　录

I《阿尔卡迪亚的牧人》

乔伐尼·弗朗西斯科·盖香作，罗马·科尔西尼画廊。

II《阿尔卡迪亚的牧人》(第一个版本)

尼古拉·普森作。

III《阿尔卡迪亚的牧人》(第二个版本)

尼古拉·普森作，巴黎，罗浮宫博物馆。

Ⅳ《艾利才和利百加》

尼古拉·普森作，巴黎，罗浮宫博物馆。

看普森的画

1

普鲁斯特（M. Proust）凭他聆听舒伯特（Schubert）、瓦格纳（Wagner）、弗朗格（Franck）、圣·桑（Saint-Saëns）、福雷（Fauré）的感受创作凡特依[①]奏鸣曲和他的“乐句”。他在描写埃尔斯蒂尔[②]的画时，我们永不得知他是想到

①② 《追忆似水年华》中的人物。——译者注，本书以后出现的译者注不再一一说明。

了马奈、莫内，还是帕蒂尼（Patinir）。同样，我们也无法弄清贝戈特[1]这个人物身上所汇聚的诸多作家的身份。

这种同时间无关的混合体同另一种混合体是同步的，这后一种混合把在不同时间发生的事件与变故召回并混淆于现今时刻之中。通过叙述者的言谈与思索，我们看到在同一页上，他有时像 8 岁，有时像 12 岁，有时像 18 岁。正如他同祖母住在巴尔贝克时所说："我们的生活如此缺乏时间顺序。"

让·路易·古尔梯（J. L. Curtis）对此说得好："在《追忆似水年华》中，既无失去的时间也无找回的时间，只有无过去和无未来的时间，即艺术创造自身的时间。因此，在《追忆》中年代的序列如此模糊，如此躲闪，如此难以捉摸，有时是可伸延的，有时是缩短的，有时是循环的，从来不是线形的，更不用说从不标明日期[……] 我们会问，在香榭丽舍大道玩耍的孩子仍是玩铁环的年龄或是已到了偷着抽烟的年龄。"

10 从这个角度看，非有意的记忆并非简单地与有意识的记忆，即提供情况而并不再现过去的那种记忆相对立。这种记忆介入到故事的纵横交错中，补充写作手法并使其平衡，这种写作手法自始至终地打乱事情的发展

---

① 《追忆似水年华》中的人物。

过程和时间顺序，普鲁斯特不屑一顾地谈到时间顺序，说："一些人执意认为小说要像电影镜头一般连贯地展现各种事情。这种观点是荒谬的。没有任何东西比这样一种电影镜头更远离我们实际上所感知的东西。"

持这种观点的理由不仅仅是，也许不主要是哲学的或是美学的。这些理由同某种技巧不可分割。《追忆》是由在不同境遇和不同时代中所写成的片断组成的。对于作者来说，是要以令人满意的次序去安排这些片断，我的意思是符合作者对真实性的观念的次序，至少起初是这样；但是，随着作品的发展，这一点变得越来越难
以做到。在某些情况下，不得不使用"残余"，不协调 11
变得更加显眼。在"找回的时间"的结尾，普鲁斯特把他的工作比喻成用裁剪成形的料子拼制衣袍的女裁缝的活儿；又像是十分破旧的衣袍，他把它缝补起来。他在这部作品中，用同样的方式将各种片断相互拼合连接起来，"把某人脖子的动作接在另一个人的肩膀动作上，以重现现实"，并且以多处获得的印象来创作唯一的一部奏鸣曲，描绘唯一的一座教堂，唯一的一位年轻姑娘。

这种蒙太奇和拼合技巧使这部作品成为双重读法的产物。我转移了这个词①在语言学上的用法。然而我觉

① 指"读法"一词，法文"articutation"，原意为发音。

得词义的扩展是有道理的：最重要的单元已成为文学作品，这些作品经组合和安排产生出更高层次的文学作品。这项工作不同于通过提纲，写出草稿再最终定稿的写作方式，而是在定型的作品中，镶嵌品的原件依然可认出并且保持着自身的个性。

2

12 这种情况在绘画中也有。我认为，梅耶·夏比洛（M. Schapiro）首先提醒我们注意《夏日周末》上人物之间的明显的层次差异。其道理不正是修拉①（G. Seurat）把人像或群体像设想为独立的整体，然后再根据他们相互关系加以安排的吗？（也许在此之前他作过一系列尝试，即有关这幅作品的试作）。狄德罗也许会说，《夏日周末》的特殊“魔力”由此而来，画面上，在公众散步的地方，人物或人物群体各自并列，相互隔绝，似乎丝毫没有意识到他人的在场；他们属于“那些无声物”之列，据德拉克洛瓦说，普森②

① 乔治·修拉（1859—1891）和西涅克（1863—1935）采用点画法创立新印象主义，即用密密麻麻的纯色点布满画面。他们被称为“点彩派”，《夏日周末》被视为新印象派的宣言。

② 普森（1594—1665）：法国画家。对17世纪古典主义绘画有重大影响。

(N. Poussin) 曾经说过他以描绘“这些无声物”为业。这使这幅画笼罩着某种奇特的神秘气氛。

这幅画也许会让狄德罗讨厌。他写道：“我们将风景构 13
图和强烈表现力的构图区分开来。我非常担心，画家为追求最强烈的光线效果来安排人物，而整幅画面却丝毫不能感染我的心灵；倘若这些人物在画上就像在便道上漫步的人（……)”——这像是对修拉在《夏日周末》中所描绘的东西作了提前描写并毫不留情地加以摈弃……

这种构图的手法早在葛饰[①]的作品中采用过。《富士百景》中的好几幅画都表明，正像普鲁斯特那样，他再次使用了部分细节，即最初可能画在背景上的、画在小本上的景色片断，后来移植到了构图中，将它们并列起来而不考虑不同的层次。

普森尤其阐明了双重读法的手法，当然是以完全不同的方式。但它表现的“矿化”的人物有点像《夏日周末》中的人物（菲利普·德·香槟［Ph·deCham-paigne］[②] 曾说，普森的天才“为固体颜料开拓了前景”)；因而狄德罗谈到他时，曾说他的人物“纯真”，

---

① 葛饰（1760—1849)，日本素描画家、雕刻家，作品逾 3 万幅，《富士百景》是他的作品。

② 菲利普·德·香槟（1602—1674)：法国画家，原籍弗拉芒，古典主义绘画最著名的代表人物之一。

“也就是说完全地、纯粹地保持自身模样”；而德拉克洛瓦则说是原始主义，其中“表现的率直并没有受任何绘画习惯的影响”；最后，这种方式“由于它绝对地独立于一切俗套”使普森成为“最罕见的革新者”。

在观看普森的画时，我们经常会有这样的感觉，即他对油画进行再创造，或是说，至少在他诞生的16世纪之前的画家中，他求教于15世纪意大利的艺术大师
14 们，尤其是曼特涅①（A. Mantegna）的作品（我念初一时，父亲常带我去罗浮宫，有一次作文题目是描写我最喜欢的画，我选了《巴拿斯》② 这幅画）。

他甚至求教于更早期的画家，因为普森的想象力有时让人看到这种经他的天才加以理想化的纯朴，19世纪末，韩波（Rimbaud）曾在外来的油画中寻求这种蜕变的纯朴气息。例如，在卢昂博物馆收藏的《维纳斯向埃涅阿斯③显示自己武器》的画上，这位爱神伸出手在空中浮游，她似乎是单独构思和绘制成的，然后再原封不动地搬到油画上。还有，在罗浮宫的《热恋达佛涅④的

---

① 曼特涅（1431—1506）：意大利画家、雕刻家，文艺复兴先驱之一。

② 《巴拿斯》，曼特涅作于1502年，献给埃斯特家族的伊莎贝尔。

③ 埃涅阿斯（Enée）：希腊神话中的特洛伊英雄。

④ 达佛涅：希腊神话中的女神。太阳神阿波罗追求她，但她另有所爱。为逃避阿波罗的追求，她变为月桂树，阿波罗取其枝编成花冠。

阿波罗》，这位女仙舒坦地（让人惊讶地）坐在一棵极小的橡树枝间，就像坐在靠背椅上一样。还有，在《双目失明的俄里翁[1]》上，狄安娜[2]姿态似平民女子。双肘支撑在云朵上，就像撑在客厅的壁炉台上一般。

> 也许，德拉克洛瓦想到这一类的问题，他批评道："人物形象极其干巴，相互之间毫无关联，似是切割而成的"——这在空间上同我们在普鲁斯特作品中在时间上所见到的是一致的。在德拉克洛瓦看来，这是缺点，他把它归结到——当然有其道理——这一事实上：即普森的画表现了我称之为双重读法的东西：完美，"普森从不曾寻求过它，也不希求它；他的人物形象似塑像一般，一些人屹立在另一些人身旁；这是否源于他的那种习惯——据说他制作一些小模型以弄清身影的准确长度?""（……）画室内光线照亮的小模型。"

1721 年，安托瓦纳·科瓦贝尔[3]（A. Coypel）也表示遗憾，称"普森在人物的表现上缺乏更为自然，少一

① 俄里翁：希腊神话中的英俊猎人。

② 狄安娜：罗马神话中的月亮和狩猎女神，即希腊神话中的阿耳忒弥斯。是她杀死了俄里翁。

③ 科瓦贝尔（1661—1722）：国王路易十五的御用画家。

点冷漠、多一点坦然的情趣，而湿衣衫和人物模型正使他远离这情趣”。安格尔[1]（J. A. D. Ingres）后来说得更贴切，他指出：“为自己准备一间普森式的房间：这对取得良好效果是必不可少的。”

（在搜集到的普森的言论中有发声的言辞和绘画之间的对照，即具有双重读法的语言学理论的雏型：“说到绘画，他说，用字母表中的 24 个字母构成我们的话语，表达我们的思想，同样，用人体的线条表达内心的各种欲望，以将人们思想中的东西表露在外。”）

我们知道，普森很愿意塑造蜡像；在从事绘画生涯的初期，他依照古代艺术品制作蜡像，甚至将绘画大师们的作品的一部分作成浮雕。有好几个人都说过，他们亲眼看见普森在作画之前，先制作一些小蜡人像。他将小塑像安置在木板上，这些人像的姿态同他设想的画面形象是一致的；然后他又用浸湿的纸或薄塔夫绸裹在塑像身上，又用尖头小木棒挑出皱折来。他正是按眼前的模型动手作画的。在装着这些小蜡像的木匣周壁上开着洞眼，以便从后部或从侧面照亮这些蜡像，并能从前部控制光线，察看阴影长度。当然，他也设法调动这些模

① 安格尔（1780—1867）：法国画家，大卫门生。主要作品有《西斯廷教堂》等。

型的位置，以确定他所制作的小型人像的场景的布局。

普森的前辈早已使用过这种方法了。安东尼·布伦（A. Blunt）说，有好几位画家曾采用过这种方法，但是到了普森那时已被弃置不用了，原因是费时太多。有意义的是，普森又重新采用起这种方法并且据见证人所说制作得十分精致。总之，在任何一位画家的作品中，我们都不曾如此清楚地见到系统地采用三维模型，在完成的油画背后见到模型的身影。普森的人物不像是画在油画布上，倒像是雕刻在没有厚度的画布上。

构图方法被如此完美地吸收，它几乎已成为一种思 16
考方式，那些经过深思熟虑的自然或城市风光景物画也源于此，这类景物画诱使观看者渐入佳境，并为观看者提供数条幽径："好像走在他所描绘的各地，"菲利比安①说；这是一种遐想，它在同这种延伸的空间相一致的时间中，延伸着对普森绘画的赞赏。表现物的三维空间同画上人物两维形象形成鲜明对照（有人说，人物似乎安排在浮雕上）。同人物相比，三维将景物安置在居高临下的位置。普森的年龄同对观众产生类似的神奇效果的浮雕相比稍早几年，这也许是颇有意义的事。

---

① 菲利比安（A. Félibien，1619—1695）：法国建筑师和传记作家，著有《关于古今最杰出画家访谈录》。

我认为，在普森的作品中，使德拉克洛瓦感到十分惊讶的那种新奇、丰碑式的伟大之处在于，他的画是二流作品，一流的作品是塑像模型采用更为简单的方法所完成的性质不同的作品：在这一阶段，艺术已经充分发挥了拼合手艺的全部技能，用菲利比安的话来说，普森“在狭小的空间中安排开伟大而智慧的模型的那种能力，也许正归于这种拼合手艺”。

对于推动浪漫主义创作的激情来说，已不再有任何不相干的东西了。德拉克洛瓦的疑虑也由此而产生，尽管他欣赏普森的作品，但有时他会更喜欢勒苏厄[①]（Le Sueur）：“同勒苏厄相比，普森甚为逊色”，勒苏厄更为注重“效果的和谐和柔顺，或是说构图的连贯”，这使他的画取得“一致性和色彩的融合”，这正是普森的画所欠缺的。

这是一番令人困惑的评价，但它却不无同德拉克洛瓦对契马罗萨[②]（Cimarosa）的偏爱的相似之处，德拉克洛瓦鉴于同样的原因——只不过从绘画搬到了音乐
17 上——不时表现出对契马罗萨的偏爱，同莫扎特相比，契马罗萨“更富有戏剧味”。他赞扬契马罗萨的作品中

---

① 勒苏厄（1617—1655）：法国画家、装饰家，皇家画院奠基人之一。

② 契马罗萨（1749—1801）：意大利作曲家。

的“这种分寸，适度，表现力，欢快，柔情，尤其是（……）这种无可比拟的高雅（……）并无更多的完美，而是完美本身”；他拒绝说莫扎特的作品是完美的，正如他拒不认为普森的作品是完美的。

普森似乎更多地以否定方式——因为他弃绝了陈规——为现代派开路，即“在本源寻找绘画根据想象所能产生的效果”。是否应理解为勒苏厄（在上段文字中，他与其说同普森对立，不如说是相联系在一起）本来会比普森走得远？我们难免会有这样的印象：如果说普森和勒苏厄使德拉克洛瓦联想起“弗朗德勒和意大利的文艺复兴前期流派的纯朴”，那么对于他来说，在某种程度上，普森便是勒苏厄的“前期”。

3

巴诺夫斯基[①]（E. Panofsky）在一篇研究《阿尔卡迪亚的牧人》的文章中曾作过三点说明： *18*

1. Et in Arcadia ego 一词首次出现在勒·盖香[②]（Le Guerchin）约作于 1621 年至 1623 年间的一幅画上，即在普森来到罗马前不久。这幅画上有两个在沉思的牧

① 巴诺夫斯基（1892—1968）：美国艺术史学家。

② 勒·盖香（1591—1666）：意大利画家，全名叫乔伐尼·弗朗西斯科·巴比利（Giovanni Francesco Barberi），最著名作品有《黎明》。

羊人，他们面前，在画的近景上是一颗放在石岩上的巨大骷髅。

2. 这句话用正确的拉丁文语法不能译为："我也一样，曾经在阿尔卡迪亚生活过"——如通常人们所理解的那样，而是（如当时有教养的人所理解的）："我也一样，我就在这里，我生存着，甚至在阿尔卡迪亚。"因此，说话者是骷髅，它提醒说，即使在最幸福的时光，人们也逃脱不了自己的命运。

3. 普森大约在 1629 年至 1630 年前后围绕这个主题所画的第一幅画，就直接从勒·盖香的这幅画中汲取灵感；刻在石棺上的文字也不可能另有他意。尽管放在墓上的骷髅很小而且看不真切，但是却始终是这骷髅（或墓，死亡的象征物）在说话。

19 然而，巴诺夫斯基认为，绘于五年或六年后（杜里耶认为作于 1638 年至 1639 年间）的第二幅《阿尔卡迪亚的牧人》（即收藏在罗浮宫的那幅）让人觉得普森改变了这句话的意思而成为 17 世纪末所常采用的意思，使他的这幅画"不是同死亡的悲剧性的相遇，而是对死亡观念的全神贯注的冥想"。

我觉得，这没有考虑到以下事实：这幅画的第一个版本并不仅仅效仿勒·盖香作品，而是勒·盖香作品和罗浮宫那幅画之间的过渡作品；这幅画表明普森的造型想象力随着时间推移可能在演变，而无须采用巴诺夫斯基所理解意义上的有关意思转变的假设。

在这幅画上，我们确实首先看到了同勒·盖香作品的两处不同。骷髅已置于后景，它画得那么小，变得无足轻重；在这幅画的第二个版本上，骷髅就全然消失。反之，在第一个版本的背景上，可看到一名女牧羊人；这在勒·盖香的作品中并不存在，而在罗浮宫的那幅画上，妇女形象俨然置身在画面前部：她并不再像牧羊女那么袒胸露臂，而是古典式打扮，同半裸的牧羊女迥然不同。

这一切就像在勒·盖香画的右方前景中的硕大骷髅已由普森第二幅画上的那名女性取代，她在画面上占有同样位置，具有同样的重要性；这一切也像是在普森的第一幅上那颗仅起着提示作用的骷髅和一位谨慎出现的女性形象表明它处在两幅画之间的中间阶段。

从同一个意义上对第三种差异作阐释是颇为吸引人的。专家们认为，位于第一幅右前景的那位老者可能是普森出于同他将要在此期间创作的另一幅画保持对称的考虑而安排在那里的。这位老者取代了勒·盖香画上的骷髅，他象征着阿尔菲俄斯①其源头在阿尔卡迪亚。据

---

① 阿尔菲俄斯（Alphée）：希腊伯罗奔尼撒半岛上的河流，注入意大利与希腊之间的伊奥尼亚海。在希腊神话中，阿尔菲俄斯是河神之名。

说他穿过大海来到西西里岛寻找山林水泽仙女阿瑞托
20 萨①，仙女本人也被变成为泉水。在第一幅画所体现的中间阶段中，河神的象征性形象，确切地说河流的象征性形象，难道不会把观众思绪从近于消失的骷髅引向少妇吗？普森后来在第二幅作品中就把这骷髅变成了这位少妇。

普森在画第一幅画时也许并没有想到他要绘制的第二幅画。但是，这种将要发生的变化也许已在他的头脑中萌生了。

不管是后来普森清晰地构思这种变化，还是这种改变自始至终是无意识的产物，在这两种情况中，难道不该从前面所述中得出结论，即这名新出现的少妇，是如此般静穆（同那三名牧人的动态相比成鲜明对照），当她欲像“命运”一般让人敬畏时（“甚至在阿尔卡迪亚②”），虽然看上去露着得体的笑容，她不正象征着死
21 神，或至少是命运吗？在第一幅画上，那名牧羊女占据次要位置，她可谓是两名牧羊人的可亲的伴侣，第二幅画上的女人与此相反，她有神话中人物的那种伟大和冷漠。因此，似乎正是她以那种凌驾于一切之上的高贵姿

① 阿瑞托萨（Aréthuse）：希腊神话中，她在河中沐浴被阿尔菲俄斯发现并追逐。女神阿耳忒弥斯把她变成海底之泉，河神同她融合在一起。

② 古希腊地区名，位于伯罗奔尼撒半岛的中部。

态暗示着刻在墓碑上的文字，并要牧人们去读它。“也在阿尔卡迪亚”仅仅由于她的在场，她想对他们说的意思是“我在这里，在你们身边”。

想象一番情节，也颇有趣味。也许，这女人刚从右边进入场面，并未被人发现，直到她把手按在最年轻的牧人肩头才暴露了自己，她的手势既具有强制性又带着安抚。那位牧羊人把眼光转向她，对她的出现并不感到过分惊奇，因为他的造型功能——恕我直言——是把这位少妇同她的至理名言通过他的脸朝相反方向的动作联系起来，他的目光注视着她，而他的手指着碑文，像在说明这二者之间的同一性。

如果说普森在勒·盖香的那幅画中看到了某种变化的初态，而他又以变化来构思和表现其他状态，我们就会明白为什么没有一幅画比《阿尔卡迪亚的牧人》更促使哲学家们去虚构臆想。杜波修士[1]（Dubos）、狄德罗（Diderot）、德里尔[2]（Deliue）、约科骑士[3]（Jaucourt）对此所作的描述离实际情况相距甚远。不言而喻，他们只是从变化的完成状态去理解变化的。但是这种变化的特性使其保持着活力，足以使观看者继续寻求它。约科

① 杜波（1670—1742）：法国史学家，著有《关于诗歌和绘画的评论集》。

② 德里尔（1738—1813）：法国诗人，科学院院士。

③ 约科（1704—1779）：学者，《百科全书》最活跃的合作人之一。

所作的描述，似乎沿袭了杜波的观点，将少女躺卧的塑像置于坟墓上，这种描述也许可能作为变化的诸状态之一而有其一席之地。

我认为，像我那样对这幅画作解释比认为普森应对在短暂的几年中推翻了这句拉丁语的含义负有责任更合情合理。尤其是，（巴诺夫斯基本人也承认这一点），1672 年贝洛利（Bellori）——他曾是普森的朋友——在
22 评论这幅画时对这句拉丁语的含义理解准确。只是到了 1685 年，菲利比安才对这句话产生误解。倘若这幅画只体现出一派乡间风光和说教场面的话，又如何理解它的非凡成功呢？（它是普森画中最受人欢迎的一幅画，甚至在农舍中也挂着它的复制品）。该画的巨大吸引力在于：三个牧人身旁的那个神秘女性从他处而来，她在这乡间舞台上体现着那种超自然力的突然显现，普森一贯善于采用其他手法使他的风景画染上超自然色彩。

4

23 如果说《阿尔卡迪亚的牧人》是普森画中最受人欢迎的画，《艾利才和利百加》[①] 似乎是尤令行家们欣赏的

---

① 利百加（Rebecca）：旧约中人物，以撒的妻子。艾利才（Eliezer）是亚伯拉罕派去为儿子以撒娶妻的仆人，他求神施恩，在井旁遇到利百加。

一幅画。菲利比安从不曾如此长篇大论地谈论过其他任何一幅画。这些言论发表在《皇家绘画学院演讲集》中，据我看来，这些讲演远比狄德罗喋喋不休的《沙龙》内容丰富充实（还有 1669 年塞巴斯蒂安·布东[①] [S. Bourdon] 所作的关于《光线》的精彩的演说——若细读一下这篇文章，就会发现狄德罗的某些最出色的见解已出现在“演讲集”中了：钱拉·冯·奥达尔 [G. V. Opstal] 在 1667 年所作的有关拉奥孔[②]的讲座，提前一个世纪提出模特儿的理论）；1668 年，在皇家绘画学院讲演会上展开了一场关于《艾利才和利百加》的辩论，这场辩论是由菲利普·德·香槟引起的；1675 年又再次展开辩论，到 1682 年在一次会议上，与会者再次阅读和讨论了第一次辩论会的总结报告，柯尔贝尔[③]（Colbert）到场并参加了讨论。

普森的多幅油画是无与伦比的，但《艾利才和利百加》在这一类绝妙的画中也许达到了巅峰。若把每个人

---

① 布东（1616—1671）：法国画家，擅长画战争场面。

② 拉奥孔：希腊神话中人物，因警告特洛伊人提防木马计而触犯雅典娜，后被巨蛇缠死。

③ 柯尔贝尔（1619—1683）：法国国务活动家，在路易十四时期曾担任财政总监，皇家国务秘书。他的活动涉及公共行政各个部门。他从国外招来各种工艺匠人并支持文学、艺术活动，1666 年创立科学院。他本人是法兰西学院院士。

24 物形象分别开来的话，都是一幅杰作；每组人物群又构成另一种杰作；组成全图的整体人物也是杰作。三个层次的结构互相接合，每个层次达到同样完美的境界，以至整体的美具有一种特殊的密度。这幅画在多方面展开，在每一方面都同样注重形态和色彩的表现。普森的同时代人批评他不善于运用色彩。就凭这幅画他们的说法就不攻自破，画上那蓝色几乎是生鲜的，普森经常使用这种色彩。后来雷诺兹[1]（Reynolds）指责这种色彩，事实上，正是他把普森的色彩和谐说成刺眼。菲利比安十分懂得色彩的重要性，他在评论这幅美妙作品的 25 页文字中有 6 页对色彩作了详细评述。

菲利普·德·香槟对这幅画所作的解读是静态的。他连续从多种角度对该画进行研究：动作的体现；人物群的次序；人物形象的表现；色彩、光线和阴影的分布。但是，在人物形象的表现上，他提出了疑义（勒布朗[2]〔C. Le Brun〕并不同意），我认为，对这疑义作仔细的研究有助于推动分析并可将它引向新的途径。

理由是："倚在井旁水罐上的一位姑娘形象（……）德·香槟先生欲指出普森先生在人物的比例上和服饰上

---

① 雷诺兹（1723—1792）：英国肖像画家。

② 勒布朗（1619—1690）：法国画家，曾对当时艺术界产生重大影响。

都模仿古代作品，而他本人在这方面曾潜心进行过专门研究。他为此作过一番解释，似乎批评普森先生有点无所作为并认为他过分借鉴古人，甚至指责他抄袭古人作品。”

事实上，这个雕塑式人物同其他人物形成鲜明对照。我认为这幅画的关键就在于这种恰到好处的差异之中。

让我们像第一次看到这幅画的人那样来看一看它。 25
我们的目光首先会被画面中间位于前景的两个主要人物所吸引；但这两个人物略偏右一点，使目光看到位于画左面的远景：一群密集的激动的妇女。这群兴奋的妇女一方面同她们后上方静止的建筑群形成对照；另一方面又同图右边三名静穆的全神贯注的妇女迥然不同。这幅画从整体上看使用稳定与不稳定、动与不动之间对立的手法。

这种对立具有某种意义吗？

我无意把普森说成是人类学家。但他的门生勒布朗解释说，这位“画家兼哲学家”（当时那么称呼他）有这样一种看法和观念，即“若不能加深他作品的理念，那么就不能把任何东西放进作品里，还有，只是经过长时间的、成熟的研究和探讨之后他才动手画一点，值得称道的正是这一点”。

可以肯定，普森在创作这幅画之前曾长时间地思索过《创世记》24 章。他并没有从如今的人类学家可能使用的言辞去阐明这一章节的内容，而是深入领会这章的精神实质。

利百加的婚姻问题（后来拉结[1]的婚事也同样）源于旧制度[2]的执法官们叫作“人种和土地”之间的矛盾。亚伯拉罕[3]和他的家人听从主的旨意离开了原籍——美
26 索不达米亚的叙利亚，来到西部遥远的地方定居。但是，亚伯拉罕绝不同意与当地人通婚的主张：他要儿子以撒（Issac）娶一位同种族的女子为妻。由于父子都不得离开希望之乡[4]，亚伯拉罕派他的心腹艾利才前往远方的亲家把利百加带回来。

这幅画所表现的就是这段情节。前景中，一个男子（画面上唯一的男人）和一名女子正在婚前象征性的会面中。其余的只有妇女和石头（“土地”）。普森以造型的语言在画的某个准确点上为问题找到了解决方案。我们的目光从画左边一群兴奋的女子移到这一对已显得更宁静的主要人物身上，再转向画右边几乎凝固不动的人

---

① 拉结（Rachel）：《旧约》人物，雅各的妻子。

② 指法国 1789 年革命前的王朝。

③ 亚伯拉罕（Abraham）：《旧约》人物，今犹太人的始祖。他是闪的后代。原名亚伯兰，耶和华给他改名为亚伯拉罕。

④ 上帝赐给亚伯拉罕的迦南地方。

物形象上，尤其是那一位被说成是模仿古代人物而遭菲利普·德·香槟非议的女子。然而，这个塑像式的人物已是一尊石像（罗歇·德·比勒说：“普森由于过分热爱古代作品而沉迷于石头”），这不仅从外形上是如此，而且还有那种模棱两可的色彩，这形象体现了人头像（它同“种族”有关）和上面装饰着球体的石柱（“土地”）的综合，那名女子衬托在石柱上，像同柱子镶嵌在一起似的：一名头顶着水罐的女子的几何形态——似乎是“立体派”形象——的体现，她姿态尚欠平衡但已很稳固。这塑像般的形象也是另一个保持这姿态的凌驾于左边人群的女性（并非偶然所至，她同利百加十分相像）的丰碑式地放大。在这方面，人们也许注意到了由水罐形成的三角形：这名女子头顶着的水罐（表示不稳定），她身下放在地上的水罐（或利百加的水罐），以及塑像式人物的手臂支撑着的半高位置上的水罐。

我们的目光再从石柱转向左边。在云水翻滚的天空下是一片自然景象（使人联想到原初的不平衡，已席卷去远处），最终目光停在坚实的建筑物上——它是有人永久居住的土地的象征，而以撒和利百加的婚姻终将使这 27
片土地和种族得以结合；种族——它由彼此间如此相似的人物形象地表现出来，她们与其说表示一些个体，不如说代表着整个女性，血统的延续正是通过女性传递的。

5

在皇家绘画学院展开的有关《艾利才和利百加》的
辩论中，有一个问题似乎困扰着与会者。首先困扰着演
28 讲者本人，别忘了，他是菲利普·德·香槟：普森难道
不该画上《圣经》所提到的亚伯拉罕的仆人的骆驼？
《圣经》上说这个仆人从利百加精心饮牲口的动作中认
出了她。一场吹毛求疵的讨论在此展开：骆驼是不是离
井太远因而无法出现在画面上？共有几头骆驼？普森本
来可能或是应该画上几头？（后来他在新作中画上了）。
画面上没有骆驼是不是会使人把亚伯拉罕的仆人误认为
是一个推销珠宝的商人呢？或是相反，如勒布朗所持观
点，画面上出现骆驼不正是会把他同凡利得[①]的商贩们
相混吗？骆驼是这些商贩们至今仍常使用的交通工具。
普森从一个高贵的场面上摈弃会亵渎观众目光的怪样动
物不是很对吗？另一种相反看法——香槟认为——骆驼
之丑不正可以反衬人物形象的光彩吗？

29 这种钻牛角尖式的讨论曾使当时的画家和绘画爱好者们津津乐道，在今天看来似乎不值一提。如今，我们评判一幅画的价值不再根据这类理由了。然而，我们不

---

① 凡利得（Le Levant）指地中海东部沿岸地区。

应当否认，对于17世纪的人来说，《圣经》的时代，古代和现代之间的距离并不那么遥远。让我们从人种志的角度来看一看，从我们的角度来体现他们的观点。倘若要我们表现最近发生的事件的话，不也是用同样的语言提出问题的吗？我们也愿意这些事件壮观地表现出来又不失历史的真实，我们也会关注各个细节的。

我们把这类事情让位给了摄影和电影，期望它们再现事件的本来面目。反之，出于对神圣历史的尊重，我们不再觉得有必要“在《圣经》要我们相信的东西上不增添或不删减什么”。在《圣经》时代或古代与现代之间，我们不仅在其中插入了仍处于文艺复兴撞击下的17世纪的人难以衡量的历史深度，而且我们还加进了一段批评的距离。

对艺术家来说，最出色的才华莫过于模仿现实达到以假乱真的地步，然而这是一种延续至今，甚至在我们之中长期占优势的美学观点的陈词滥调而已。希腊人为赞扬他们的画家编出了许多小故事：小鸟飞来啄画上的葡萄，马儿把画上的马当成活的，画家的对手要求画家撩起画上的帷幕以便细看幕后的作品。传说中，乔托[①]

---

① 乔托（约1266—1337）：意大利画家，作品有《博士来拜》、《犹大之吻》等。

30 （Giotto）和伦勃朗[1]（Rembrandt）这类的故事尤其多。中国和日本讲述他们著名画家的故事也十分近似：画上的马夜里走出画卷去野外吃草，而中国画作品则是当画家画完最后一笔时龙就在天上飞舞起来。

北美平原上的印第安人首次看见白人画家作画时，产生了误解。卡林（Catlin）曾为他们中的一个人画了一幅侧面肖像。另一个印第安人对这个模特儿并无好感，他看了画就喊叫起来，说画可作证，此人只是半个人而已。接着就发生了激烈的争吵。

狄德罗起先十分欣赏夏尔丹[2]（Chardin）作品中对实物的模仿："这只瓷花瓶是瓷做的，这些橄榄因浸泡它们的水而与目光相隔有距（……）这些饼干拿起来就可以吃。"一个世纪后，龚古尔兄弟[3]（Les Goncourt）盛赞夏尔丹时说的也是同样的意思，他们称他准确地表现出"奶油葡萄的透明琥珀色，李子上的白色糖汁，草莓湿淋淋的紫红色（……）干巴苹果的酒糟鼻颜色"。

---

① 伦勃朗（1606—1669）：荷兰画家，作品有《夜巡》、《杜普医生的解剖课》等。

② 夏尔丹（1699—1779）：法国画家，作品有《厨桌》、《家庭女教师》等。

③ 龚古尔兄弟两人是19世纪法国自然主义作家，作品有小说及《论18世纪艺术》。

帕斯卡尔[1]（B. Pascal）提出了一个真正的问题，
足以表明民族的智慧，他惊呼道："绘画具有何等的虚
荣，它以事物的相似来引起人们的赞叹，可人们对原物
却毫无欣赏之意。"浪漫派认为艺术并不是模仿自然，
而是表达艺术家自己要在画中表现的东西，对这个问题
浪漫派是无法回避的；把图画变成符号系统的当代评论
界也无法避开这个问题。因为逼真的画一直——并继
续——对绘画产生影响。当我们以为绘画已最终从中摆
脱出来之时，逼真画却再次露面。正像立体派的粘贴画
用实际材料取代模仿物，使逼真画身价骤涨。在这方
面，马塞尔·杜尚[2]（M. Duchamp）的经历最有说服
力。杜尚通过"现成物品"[3]（ready made）和《被脱光 31
衣的新娘》及《大玻璃》这类精神产品的反衬手段，以
为可使绘画失去了它的形象追求。最终，他在晚年秘密
地制作了一部作品，身后才为人知，这只是一幅要通过
瞄准孔观看的三维透镜画：这正是约翰·马丁[4]（John

---

① 帕斯卡尔（1623—1662）：法国数学家、物理学家、哲学家和作家。

② 杜尚（1887—1968）：法国画家。受立体派影响，他的作品后来对超现实主义产生重大作用。

③ 现成物品指工业产品，艺术家经过选择，把它们当作艺术品加以展览。杜尚的"现成物品"有《自行车轮》、《栅状瓶架》、《喷泉》（小便池）等。

④ 马丁（1789—1854）：英国水彩画家和雕刻家，他是英国视觉浪漫派典型代表。

Martin），这位巨幅逼真画的创作能手的表现手法，即使是二维的，他也绝不接受他人对他作品的贬低。

逼真画的力量和迷人之处何在？在于通过某些技术程序奇迹般地获得敏感世界瞬间即逝的和不可捉摸面貌的融合，这是缓慢积累的知识和精神劳动的产物，从而得以重现并确定这些面貌。“我们的智力把模仿作为自身所特有的事而津津乐道”，普卢塔克①（Plutarque）早已说过。这是何等难以办到的事；卢梭曾发表过一通责难，说：“俗套之美除了克服艰难似乎别无长处。”卢梭的同时代人夏巴侬（Chabanon）对此振振有词：“在艺术理论中，装作把已克服的艰难不当回事这就错了；在艺术给人的快乐中，这种已克服的艰难应占有重要地位。”

倘若说逼真画在静物中占优势的话，这并不偶然。它发现并表明，正如诗人所说，无生命的事物也有灵魂。一块料子，一件珠宝，一只果子，一朵花，某件餐具，同人的面孔一样——这是其他画家所偏爱的——拥
32 有内含的真实性，夏尔丹曾说我们通过感情得以进入这种真实性中，但只有技巧的才能和想象才能将其表现出来。逼真画以自己的方式并在自身的领域里实现着感觉

① 普卢塔克（约46～49—约125）：希腊传记作家和道德学家。

和心智的结合。

印象派谴责逼真画。但是，各流派之间的差别并不像印象派曾认为的那样，是主观和客观、相对和绝对之间的差别。这种差别在于印象派的幻想，即人们可以持久地置身于这两者的会合点上。逼真画的艺术明白，必须分别深入发展对客体的认识和非常深刻的内省，以求得客体的全部和主体的全部的综合，而不是停滞在这二者之间暂时建立起来的在感官层次上的表面接触。

认为摄影使逼真画消亡的错误看法便由此而产生。摄影的现实主义区分不出事物本质和次要事实：它任凭它们留在同一图面上。这是一种复制，而智力活动的部分是短暂的。在摄影大师的作品中，摄影技巧达到炉火纯青的地步，然而这种技巧依然是外界“愚蠢”影像的奴仆。

逼真画并不复制，它再造。它同时假定某种知（甚至它没有表现出来东西的知）和思考。逼真画也具有选择性，它并不设法表现一切和模特儿的任何东西。它选择葡萄上的果霜而不是其他某个方面，因为他可以用果霜同银瓶或锡瓶上的油腻（也是多种特色之一）以及奶酪的碎块组成一组显著的特色，等等。

照相机尽管在技术上变得越来越完善，但同人的手和脑相比仍是粗陋的机械。再说，最优美的照片是照相出现初期的作品，那时照相机械的简陋使艺术家不得不 33

投入自己的智慧，自己的时间和自己的毅力。

与其认为逼真画的艺术已在摄影作品面前甘拜下风，不如承认这二者具有相反的特点。要明白这一点，只需看一下那些新形象艺术派的令人倒胃口的作品，那些画家绘制静物或人物像时并不是参照实物，而是根据彩色照片，他们照葫芦画瓢地加以模仿。他们似乎使逼真画获得新生，而实际上是背道而驰。

18 世纪莫尔雷修士（L'abbé Morellet）曾写道："自然并不是在所有母亲的眼中（或情人）都是美的，即使自然是美的，那它也难以保持；自然之美有时瞬间即逝。"摄影捕捉到了这个机会：它显示这瞬间，这是它的长处。逼真画捕捉并表现出人们不曾见到的，或是看不清的一晃而过的东西，而从此以后，逼真画使人们永远能见到这些东西。对于那些记起 19 世纪的荷兰人和德国人，或是夏尔丹画的盛满草莓的篮子的人来说，这篮子永远不会再是原来的样子了。

6

34 在普森的画上，没有一个局部同整体是不协调的。每个局部都是同样的出色，单独看时给人以同样的兴趣。整幅画就像已经在细部充分展现的各部分的第二层次的组合。从另一种意义来看这也同样是真实的：有

时，在普森绘有几个人物形象的画上，某一个人物形象单独就是柯罗[1]（Corot）的整幅作品。整幅画的结构是将各部分的结构移置到更大的范围内，每个人物形象同整幅画一样都经过周密思考。一点也不奇怪，普森在他的通信中，遵循当时的习惯做法，他按作品所画的人物数目来衡量每部作品的难易程度：每个形象具有同整幅画同样程度的问题。

人像画是如此，风景画也同样，一些是野景，另一些配着“建筑”：当然，是人为的产物，但是从其占有的位置同有生命的事物的比较之中，以及从其精细的工笔中（人们会以为受了弗拉芒画家的影响），这些景物具有重要意义并比通常画得很小并为风景带来活力的人物更能引起人们的兴趣，即使位于画面前部的人物亦然。这种对物的壮丽的再认识“使人回到自己的所
在”——我从精神和通俗意义上使用这句话。即使是画 *35*
“巨人”的作品，如《俄里翁和波吕斐摩斯》[2]，也是乡间田园交响曲，画上，巨人融于大自然，而不是凌驾于自然景物之上。倘若不知道这神话故事，就会想象俄里

---

① 柯罗（1796—1875）：法国画家，19 世纪最著名的大画家之一，无论风景画还是人物画都同样出色，他的风格简朴，纯净。

② 希腊神话中海神波塞冬的两个儿子，巨人俄里翁是英俊的猎人，因与厄俄斯相爱被阿耳忒弥斯杀死；波吕斐摩斯是独眼巨人，以人肉为食。

翁在往下坡走去，不久就会隐没在他脚下的绿草丛中。

安格尔[①]（Ingres）充分意识到了这种倒置所具有的美学和道德的意义，他说："不朽的普森发现了意大利风光秀丽的大地。他发现了一个新的世界，正像阿美利加·凡斯比司[②]和其他一些航海家发现新大陆一样（……）他首先，并且只有他，将其风格赋予意大利自然风光。"

在同一段落中，安格尔写道："只有画历史题材的画家才有能力画出美丽动人的景物。"这是为什么？因为他们并不首先听从于自己的感受性，而是把自然界中适合自己主题的东西变成一种审慎的选择。"美的自然界"理论当然并不能为狄德罗的讥讽开脱。

德拉克洛瓦有关风景画的观点与众不同，颇带几分蔑视，他说："画海洋的画家（……）画海浪起伏，就像风景画家画树木，山川平地等等。他们并没有充分注意到想象的效果。"若把想象改换成感知，那就是印象派。普森，他并没从自然发展到主观激情（"我在我的

---

① 安格尔（1780—1867）：法国画家，大卫的门生，以素描纯净而著称，主要作品有：《西斯廷教堂》、《路易十三的祝愿》、《土耳其浴女》及人物肖像。

② 阿·凡斯比司（1454—1512）：佛罗伦萨航海家，曾数次远航到新大陆，他的名字被人用来称呼美洲。

作品中只回想起激动人心和富有诗意的一面，”德拉克洛瓦又说），而是发展到深思熟虑的选择和重新构图上：“我曾见他，”菲利比安写道，“细察石头、土块和木段，以更好地临摹岩石、平地和树干。”正是由于他对卵石、青苔和花朵下了这番苦功，据说，他曾说过这句名言：“这些自有它的用途的”，或是如另一些人所传，他曾说过：“我什么都没有疏忽过。” 36

尽管安格尔曾说过：“要画出带褶裥帷幔的绚丽色彩，必须观察鲜花”，他，还有普森，仍被人指责为不善于使用色彩。这是因为对这个词——其本意是指各种颜色和颜色之间的关系的感官追求——人们往往赋予它一种更技术性的意义：这是一种使颜色的选择和调和从属于整体优先追求的效果的艺术。安格尔曾公开表白过：“素描包含着油画 3.5/4 的内容（……）烟雾本身也该由线条来表达（……）素描包含除色彩以外的一切内容（……）一位伟大的素描画家找不到准确表达其素描特点的色调，这是无任何先例的。”在着色方面，有哪些作品体现出比这些画富有更新鲜的发明，更奥妙的精细情趣呢？——利维耶尔一家三口的肖像，美丽的才莉肖像，格拉内的肖像以及斯诺纳夫人和摩伊特希尔夫人的肖像。还有：《浴女》，又名《瓦尔品松》、《朱庇特和忒斯》、《有一个奴隶的土耳其宫女》、《斯特拉多尼斯》、《罗歇释放昂热利克》、《土耳其浴女》。[1]

时过两个世纪，误解仍在重复。17 世纪的评论家们在绘画艺术中已认识到了两种难以调和的要求。“空间远景”要求当人物和景物位于更远处时，从画面上察觉出空气的厚度，但这是以色彩减弱逐渐变成阴灰色为代价的。那时，对“整体”那种东西的追求则讲究总体色调。到了 19 世纪，查理·布朗[2]（C. Blanc）曾说：“颜色的配合，其首要目的是谐调。”

37 查理·布朗说：“善于使用色彩的大师并不着眼于局部的色调”。德拉克洛瓦针对他的话说：“这是千真万确的；瞧，这就是一种色调”（布朗说他用手指指着灰色和肮脏的地面）；“喏，倘若有人对保尔·委罗奈斯[3]（Véronèse）说：‘给我画一幅金发美女像，她的肤色要这种色调’，他会把她画出来，画中的那位女士就是一位金发美女。”这是对“整体”理论的绝妙阐明，鲁本斯[4]（Rubens）和冯·戴克[5]（Van Dyck）各自以自

---

① 以上均为安格尔的名作。

② 布朗（1813—1882）：美术史学家，著有 14 卷的《各流派绘画史》。

③ 委罗奈斯（1528—1588）：威尼斯派画家，原名保罗·卡里雅利，以色彩高雅、丰富和结构和谐著称。

④ 鲁本斯（1577—1640）：弗拉芒画家，作品有《劫夺吕西普的女儿》等。

⑤ 冯·戴克（1599—1641）：弗拉芒画家，作品有《穿猎服的查理一世肖像》等。

己的风格阐明过这种理论。

普森和安格尔对这种观点都持相反看法。普森谈到卡拉瓦乔[①]（Caravage）时说："他来到人间是为了毁灭绘画"，安格尔借用他这句话，将它沿用在鲁本斯的作品上。然而，同普森和安格尔各自的同代人所说的则相反，他们两人是极注重色彩的画家（从我对这词理解的第一种意义上说），因为尤其在他们的作品中，我们看到他们对明快色彩的追求，安格尔几乎是均匀地运用明快色彩"以更好地体现每个对象的特殊色调"，维护它们的个性并保持它们的风味。

（在普森和安格尔之间，这并非是仅有的相近之处。在《尼普顿[②]的胜利》这幅画的海水浴场景中和《土耳其浴女》中差不多都有着同样的色情成分。普森的同时代人曾赞赏他作品中女性形象的情欲色彩；他们甚至希望表现得更露骨些。后来的人也意识到了这一点，但他们故作正经，为此恼怒，甚至将一幅画裁割肢解。）

普森和安格尔为克服空间远景和颜色之间的矛盾，决定把色彩作为特殊问题处理，即一旦画实际上完成，

---

① 卡拉瓦乔（1573—1610）：意大利画家，善于运用强烈的明暗对比手段，作品有《酒徒》、《赌徒》等。

② 尼普顿（Néptune）：罗马神话中的海神。

就应当在色彩自身并针对色彩处理和解决这个问题。这种抉择使画家专心致志于真正的色彩。菲利比安在谈到普森时强调了这一点："即使是最鲜艳的色彩也仍各留
38 其位。"画和色彩二者不必再作妥协，而能各自达到自身的巅峰。这就像在音乐中一样，色彩的问题会发展直至寻求刺耳的不和谐音，但绘画与音乐这二者的不和谐之中，都表现出一种情感的丰富多彩。

日本的木版画正是以同样方式使画和色彩的独立性永久保持下来。木刻不允许修改（安格尔羞辱修改过的木刻，称之为"制作的恶习，（……）骗人的才华，伪艺术家的本领"）；木刻必须一刀成功。木刻画在最初几乎无彩色：仅仅只有零星的不显眼的一点橘黄色和绿色。后来产生的 nishikie（即色彩鲜艳的木刻画）技术以自身的方式表明孤立主义，日本的分裂主义就像烹调一样，排斥混合，展现出处于纯净态的基本因素——在此是指色调。我们可看出印象派画家的误解，他们以为在向木刻画求教，实际上正是背道而驰（除了拼版方面的教益）；而日本的木刻画——不管怎么说，那些专家们称作"原始的"木刻画——超前了安格尔的名言："一幅精心绘制的图画着色也总是相当好的。"倘若对木刻画的理解更好些，那么它本来该使画家们返回到弗拉

克曼[1]（Flaxman）和维昂[2]（Vien）的新古典主义。

人们常说：甚至在安格尔的早期人物肖像画中（例如他 25 岁时画的利维耶尔一家三人的肖像）在分别处理绘图和固定色彩方面显露着远东的影响。当然这种影响并非来自日本木刻画（这同后来阿莫利-杜瓦尔[3]所称相反），在 1805 年前后，欧洲似不太可能了解日本的木刻画作品，倒是可能受波斯的细密画和中国画的影响， 39
德拉克洛瓦曾指责安格尔仅是仿效了这些作品。波德莱尔（Beaudelaire）也说："花花绿绿的波斯和中国作品"。在那时候，人们习惯于把科学和色彩艺术归于东方人，尤其是求教"亚洲的陶瓷制作工匠和编织地毯工匠"——这是意味深长的——他们"在纯净的色调上着色，蓝色上加蓝色，黄色上添黄色，使色彩颤动起来"。

河锅晓斋（1831—1889）是浮士绘技巧的最后几位大师之一。埃弥尔·纪曼[4]（E. Guimet）和菲利克·海加曼（F. Régamey）曾在 1876 年会见过他，但是真正值得我们注意的是 1887 年那次他同一位英国画家的谈

---

① 弗拉克曼（1755—1826）：英国雕刻家，新古典主义派人物。

② 维昂（1716—1809）：法国新古典派画家。

③ 阿莫利—杜瓦尔（1808—1885）：法国画家，安格尔的门生。

④ 纪曼（1836—1918）：法国实业家、考古学家，曾在亚洲搜集许多艺术珍品，在里昂建立以他名字命名的博物馆，现成为罗浮宫亚洲馆的一部分。

话，谈话内容后由这位英国画家发表了。河锅称自己不明白西方画家照模特儿作画：假定模特儿是只鸟，它不停地活动，画家就一事无成。河锅则成天观察鸟类。每当他所期望的形象在瞬间出现时，他就离开模特儿，在他的草稿本（这样的本子有好几百本）上用寥寥几笔勾出他记忆中的形象。日积月累，他准确地回忆起鸟的形象，以至无须再看鸟就将它重新画出来。他说，他一生就这样训练，使他具备如此鲜明而准确的记忆，他可以凭脑子再现出以前从观察中所获得的一切。因为，他模仿的不是眼前的模特儿，而是他头脑中所储存的各种形象。

这种教诲同安格尔从普森那里得到的教益十分相近：“普森常说画家是在观察事物时而不是在艰苦地临摹之中变得灵巧的（菲利比安原话）。是的，但画家必须长眼睛”。他又说，画家应把模特儿印在脑子里，将
40 模特儿镶在脑子里像是它自己的所在那样；而“自然景物如此清晰地保持在记忆之中，它就会自己来到作品之中”。这话如同出自河锅之口。

我不勉强作对照。很清楚，东西方画家各自属于不同的美学传统，对外界的看法不一样并以自己特有的技巧作画（如果把远东的绘画同我们 13 世纪和 14 世纪的作品作比较的话，两者的差距就缩小了）。安格尔可以

使用与河锅几乎一模一样的话说："应当随身带个小本子，要是您没有时间把引起您极大注意的事物整个地描绘出来，您可以用几笔把它勾勒出来"。巨大的差别在于："历史题材画家（安格尔认为自己是历史画家）从总体表现对象"，而这位日本画家则尽力捕捉住人物的瞬间动作和体现他的特征；在这方面，更接近于典型的日耳曼画家——用里埃格（Riegl）的话来说——对偶然、短暂事物的追求。安格尔尽管勉强算在最伟大的人物肖像画家之列——安格尔在肖像画中只画个体：他叹息说模特儿往往平庸或是缺陷很多——除此之外，在这些比较中，我希望找到对我个人趣味的解释和说明，这种趣味追求出于同一种崇敬爱慕把北欧画家，如冯·艾克（Eyck）、冯·德·韦登[①]（Van der Weyden）、普森、安格尔和日本的书画刻印艺术结合在一起。

---

① 冯·韦登（15 世纪初—1464）：继冯·艾克后，弗拉芒最伟大的画家。

听拉摩的乐曲

7

拉摩（Rameau）的和音理论走在结构分析之
43 前。他虽尚未提出转化概念，却在运用这种概念的过程中把他同时代的音乐家所公认的和音数目分成三类或四类。他指出，以大调的和音为起始，

---

① 拉摩（1683—1764）：法国作曲家，羽管键琴和管风琴演奏家。他为和声学作出了很大贡献，他写的歌舞剧使激情和戏剧感情得以高度发挥。另外，他写了许多音乐理论文章，是最伟大的法国古典主义音乐家之一。

可以派生出其他各种和音，即第一个和音的转位。结构分析在将婚姻规则的数目或神话的数目缩减时遵循着相同的方式：结构分析把数种规则，或数种神话还原为同一种婚姻交换原型，或经过各种转位的神话框架。

这种对比能进行到何处？我到处搜寻有关当时各种思想的参考资料，以求得到启发。偶然间从《19世纪大拉罗斯》——词典中的精品——中，我发现“拉摩”词条。词条中并没有我要找的内容，但有一条关于歌剧 44
《卡斯托耳和波吕丢克斯①》的评论引起了我的注意。这条评论并没有署名，可能是作曲家兼音乐学家费利克斯·克莱芒（F. Clément）所作，他是拉罗斯词典在这方面的主要撰稿人。内容如下：“让一切呻吟”的合唱令人赞叹不已，它先是用F小调写成，紧接着转为降E调的优美乐曲《忧郁的做作，惨淡的火烛》。拉摩大胆地把这两段音调相距甚远的作品联结在一起，取得了惊人的效果。在F小调最后的和音之后是长时间的寂静，然后渐渐响起了低音弦，接着fa，la，mi这三个音齐奏；同时马上响起降E调的间奏曲。“这一切是如此简

① 希腊神话中的英雄，两人合称狄俄斯库里。一说两人是宙斯和勒达的孪生儿子；另一说法是，波吕丢克斯才是宙斯和勒达所生，而卡斯托耳是斯巴达国王廷达瑞俄斯同勒达所生。兄弟二人英勇参加了斯巴达围攻雅典之战，卡斯托耳阵亡。

明，”阿道夫·亚当[1]（A. Adam）说，“分析起来人们几乎会认为这是蠢举，然而在效果上，这种转位是极妙的，其成功使人们在很长时间内把《卡斯托耳和波吕丢克斯》的 fa，la，mi 视为天才的表现。”

18 世纪的公众难道为今天大多数听众可能没有察觉到的转调而兴奋喜悦吗？今日的听众往往对拉摩的乐曲无动于衷。不仅很少为之感动，有时甚至感到厌倦（正是“厌倦”一词再次出现在 1991 年夏天当《卡斯托耳和波吕丢克斯》重新上演时的简报上）。如果说这首乐曲曾为 18 世纪的听众带来莫大乐趣的话，难道首先不是因为这首乐曲包含着革命性的创新？而我们，除了职业音乐家和乐理学家之外并没有体会到它的新意。但同
45 时，或主要是因为当时的听众比我们更懂得音乐吗？同我们深受其熏陶的 19 世纪音乐相比而言，拉摩的乐曲和他同代人的乐曲对我们来说“不够味”，而 19 世纪的音乐在 1840 年前后还使巴尔扎克“深为震惊”，因为“旋律和和弦（在曲子中）竞争高低”（顺便说一句，卢梭也许会觉得这种看法是天真的，他曾批评拉摩在一个世纪前已经为和弦牺牲了旋律；契马罗萨的崇拜者们也

---

① 亚当（1803—1856）：法国作曲家，曾成功地上演过许多喜歌剧，并发表过两册音乐评论书。

同样指责莫扎特）；我认为，在这“不够味”之中，有更高教养的听众会听到更多的东西。

对异国风味的佳肴美食感兴趣的人在使用筷子时就得知了这一点：使用简陋的工具要比使用复杂的工具需要更多的本领；刀和叉子是为我们的祖先发明创造的，他们用手抓东西吃，十分不雅。从同一条思路继续下去，我们所欣赏的音乐——从莫扎特和贝多芬到德彪西①（Debussy）、拉威尔②（Ravel）和斯特拉凡斯基③（Stravinski）——不是为我们做好了准备吗？这类音乐更深奥更复杂，超出我们能力，无法从技术上去理解这些作品；因此我们也无须从这方面去理解，这种音乐使我们处于被动地位，但说到底是非常舒适的接受者地位。

18世纪的音乐听众的乐趣也许更富有智能性，具有更高的品味，因为听众与作曲家之间的距离比现今要小。今天，音乐爱好者所阅读的作品一般只限于一些音

---

① 德彪西（1862—1918）：法国作曲家，代表作品有：《牧神午后》、《大海》等。

② 拉威尔（1875—1937）：祖籍瑞士，法国古典作曲家，作品主要有：《西班牙狂想曲》、《波莱罗》等。

③ 斯特拉凡斯基（1882—1971）：原籍俄国，作曲家。1919年至1939年侨居法国，第二次世界大战时来美国定居。

乐家传记和有关音乐的文学作品。为深入地了解歌剧或合奏，他们会感到有必要并有能力阅读在我们看来可能太艰深的论述文章来充实自己的音乐艺术知识吗？即使这些论文并不会比达朗拜尔[①]（d'Alembert）的《音乐概论》（1752年）更深奥，而这部作品在当时再版数次并且是沙龙中的热门话题。

曾经有过一次在音乐知识方面赶时髦的事。有一位音乐哲学家，本人也是音乐家——我在后面会详细谈到他——曾对此取笑一番。夏巴侬[②]（Chabanon）曾写道，在音乐行家周围，也有这样一些人，“他们用从音乐大师那里听来的几句话给自己撑门面，可是使用起来谬误百出。我曾见过这些鹦鹉学舌者称赞某段曲子里的和声
46 如何丰富，而实际上，和声既贫乏又死板，总停留在同样的和弦上没有变化。我见他们为转调的优美而欣喜赞叹，而实际上曲子尚未离开主调。对艺术一窍不通的人总不免摆出一副科学的神态来谈论艺术”。

（夏巴侬具有论战才华。也许鉴于此，比他年长36

---

① 达朗拜尔（1717—1783）：法国作家、哲学家和数学家。《百科全书》的推动者之一。他是科学院院士和法兰西学院终身秘书。

② 夏巴侬（1730—1792）：提琴手，他博学多才，著有戏剧作品并翻译古代作品。论著有：《论音乐及其同言语、语言、诗歌和戏剧的关系》。

岁的伏尔泰对他怀着深情，在费尔内[①]的来往信件中可看出这一点，当然，这些通信谈论更多的是戏剧和诗歌而不是音乐。）

巴尔扎克的《人间喜剧》中有两部小说是关于音乐的：《马西弥拉·道尼》和《冈巴拉》；这后一部作品在音乐作曲和烹调技巧之间作了一番惊人的对比，这二者注定要失败的，因为它们的灵感变得过分依赖于脑力而不满足于“唤起我们的感觉”。巴尔扎克曾经求教过一位乐理学家（这两部小说是献给这位乐理学家的），而给人留下深刻印象的是，在那时候，听众和评论家为评价作品，尤为注重和弦的并列和转调。

可是，在19世纪，听音乐好像发生了性质的变化。听音乐似乎变成这么回事，以至瓦格纳[②]（Wagner）在谈到一次贝多芬作品的演奏会时，对此谴责道，在演奏会上“显贵要人和公众只听到声音（就像某种不知其名的语言发出的有趣的响声）或是任意地说些文学的、肤浅的、武断的、趣味性的意义”。安格尔的得意门生阿莫利·杜瓦尔（Amaury-Duval）在提到他和他同伴们的音乐趣味时，也证实了这种听音乐的方式：“我们就像

① 费尔内（Fernay），伏尔泰曾在那里居住20年（1758—1778）。

② 瓦格纳（1813—1883）：德国作曲家。

那些喜爱某种艺术而又不曾研究过，或是，至少不曾作过比较的人一样，我们喜欢各种音乐，毫不在意地听了
47 亚当的曲子又听A调交响曲的行板。”我觉得簇拥在演奏大厅或巴士底歌剧院里的人的平均水平差不多就如此；甚至还更差，因为如今当局要我们承认摇摆舞曲和《第九交响乐》具有同样的正统性。

有关现时流行的各种画展，我在一部艺术史学家的著作中读到埃德加·温德（E. Wind）的一段话：“当风格迥然相异的艺术家的如此大型展览受到同样的关注和评价时，显然，那些参观展览的人已具有很强的免疫能力。绘画艺术由于失去了自身的锋芒才受到公众如此厚爱，这些观众不断增长的胃口同他们感官的逐渐萎缩是相一致的。”瓦格纳在去世前夕说的一些话由科西玛[①]（Cosima）笔录下来，在他有关音乐的言论中，已经包含有上面温德谈话的意思：“昨天，他听人说起舒曼的《曼夫列德》在慕尼黑演出深受欢迎时说，他们的感受同听《特里斯当》[②] 时完全一样的，感觉上有些晕头转向，因为没有任何艺术性评论。”

---

① 科西玛：瓦格纳的妻子。她是李斯特的女儿，先嫁给H·冯·布洛温，后离婚，嫁给瓦格纳。

② 《特里斯当》（*Tristan*）：瓦格纳所作的三幕抒情剧，诗和乐曲均为他所写。作曲家从克尔特的传说《特里斯当和伊泽》中汲取素材。

与此相反，18 世纪的听众为大胆的转调而感到欣喜——在三个音符内从一个调转到关系调，他们觉得自己同作曲家之间是配合一致的。在那时，懂些音乐是很时兴的事，这从《百科全书》中有关音乐的条目的数量，涉及面和丰富性中可看出。有教养的人对拉摩、达 48
朗拜尔和让·雅克·卢梭的作品很熟悉。在舆论界，变革中的音乐理论同牛顿的体系（二者之间有相通之处[①],）同样受到人们的青睐，受欢迎的程度可从现今天体物理和宇宙学的科普书籍的商业效果中略见一斑。当然，差别在于：我们是作为一般读者阅读科普书籍，而在演奏音乐的沙龙里（其中许多人都自己演奏）人们或多或少以实践者身份在作评论。听众和作曲家之间不像今天存在那么厚的隔膜。

8

阿道夫·亚当（1803—1856）写的乐曲有《隆絮莫 49
的驿站马车夫》、《小木屋》、《纪才勒》[②]，若没弄错，他身后只留下两本书：《一位音乐家的回忆录》（1857 年）及《一位音乐家的最后回忆》（1859 年）。费利克斯·克

① 牛顿在他的著作《光学》中，把光线折射所形成的不同色彩光环的直径同单弦琴的产生八度音符的不同波长在数学上作比较。——原书注

② 前两部是喜歌剧，后一部是芭蕾舞剧。

莱芒没有说明自己资料的来源。他的引言并不是原封不动地摘录刊登在《当代杂志》上并且在《最后回忆》中再次采用的亚当有关拉摩的研究。然而，亚当在文中几乎用相同的言辞表达了对《卡斯托耳和波吕丢克斯》第二幕转调的欣喜和激动。这部乐曲的反响延续到H. 基达[①]（H. Quittard所写的登在《大百科全书》（安德列·贝特洛[②]主持）上的“拉摩”词条：“《卡斯托耳和波吕丢克斯》，他的杰作，当时引起了轰动”，他还引以为证地说：“大胆的和弦，令人耳目一新，出乎预料的转调”。

（《卡斯托耳和波吕丢克斯》演出的空前盛况：狄德罗的《修女》——该书写于歌剧1754年版本上演后的几年里——中的女主人公轻声哼着“忧郁的做作，惨淡的火烛，白天比黑夜更可怕”，就像当时的流行曲调一般；这出歌剧在1772年修改后再度上演时，有15名观众被人群挤踩晕了过去，据说有数人身亡。在以后上演时，1782年7月的《法兰西信使报》写道：第一场演出吸引的观众人数之多是皇家音乐院新的大厅开幕以来未曾有过的。）

---

① 基达（1864—1919）：音乐评论家，17世纪音乐专家。

② 此处疑是作者有误，应是马塞林·贝特洛（Marcelin·Berthelot，1827—1907），著名化学家，法兰西学院教授，曾任公共教育部长，外交部长，曾在1885—1892年主持《大百科全书》的编写工作。

马松（P. M. Masson）离我们时代更近一些，他说： 50
“把 F 小调的合唱同降 E 大调的独白联结起来的三个低音引起当时音乐家和评论家的极大注意。”

这些评论都是一致的。事实上，它们极准确地重复着一位无名氏作者在 1773 年发表的小册子的内容：《对批评歌剧〈卡斯托耳〉的回答，兼谈对音乐的一些看法》，那时正值第三次重新上演之际，比亚当的文章早近一个世纪：“这两个调互不相干，合唱是 3 度 F 小调，独白是降 E 调，三个基本低音，3 度上行音阶和 4 度下行音阶 fa，la，mi，建起这两个调之间的联系和关系。这个转调（……）自那时以来，往往有人想仿效；但是，众所周知这个转调尤其受到各个时代的著名艺术家的注目，而低音庄重的进行曲，听众在这两个调转移中欣喜地察觉到的那种敏捷手法，始终受到人们赞赏，被视为只有天才才具备的本领。”这番证词，别忘了，至少在 1754 年版的歌剧——现转调的修改本——上演 20 年后才发表的。

拉摩的《卡斯托耳和波吕丢克斯》共有两个版本。1737 年 10 月 24 日上演的第一个版本并没有转调。歌剧以作铺垫的序曲开始，同剧情并无关系。第一幕（在卡斯托耳被害之后，舞台上并没有表现出来）开始就是
“让一切呻吟”，自头至尾以 F 小调为主的一场把这一幕 51

同“忧郁的做作，惨淡的火烛”曲调隔开。这一场以主调结束，接着降E调的乐曲出人意外地开始了新的曲调。这是拉摩经常采用的手法：“往往，”马松写道，“曲调的转移通过主调的一般平列（……）在这类的衔接中，拉摩很少有什么矫饰。”

似乎，1737年留下的总乐谱很贫乏，几乎没有提供任何乐器法。据圣·桑主持下出版的《全集》（其中有该歌剧的两个版本）看，1737年的版本后即附有奥古斯丁·萨比依根据歌剧改编的歌曲和钢琴曲的版本，也就是1991年夏天在艾克斯市重新上演并恢复使用原先的乐器（事先由尼古拉·阿依古同维也纳音乐乐团灌制成录音）的那个版本。

1754年1月8日上演的第二个版本远比前一个版本富有戏剧性，充满曲折情节的第一幕取代了序幕：欢庆节日，突然袭击，战斗场面，卡斯托耳之死。下一幕（已成为第二幕）同第一个版本一样，只不过更富有逻辑性，开幕时便是斯巴达人办丧事和合唱“让一切呻吟”；但是同第一个版本不同，作曲家把合唱同“忧郁的做作，惨淡的火烛”曲子连接上了，在三个音中的转调由F小调在泰拉伊尔为她情人之死的哭泣的歌声中转为降E调。

我最初从代奥道尔·德·拉雅特（T. de. Lajarte）

根据总谱改成的歌曲和钢琴曲接触到这个版本，据作者称，改编曲同 1754 年 1 月再次上演的版本是一致的，在那次上演中，《卡斯托耳和波吕丢克斯》“已由各个作者作了重大修改，以至同 1737 年 10 月 24 日上演的第一个版本几乎无相似之处”。确实，有名的转调仍然保留，但是——令人惊讶不已——已不是原来的样子：拉雅特所写的并不是 F 谱号，降 A 调，降 E 调；而是 F 谱号，降 A 调，D 音本位号。富有特征的音符已不再是新曲调的主调，而是导音……

国立图书馆音乐馆前馆长弗朗索瓦·勒絮（F. Lesure）先生通过纪贝尔·鲁杰（G. Rouget）曾寄给我当时的两个总谱的复印件，一个总谱是经拉摩本人付印和修改的，另一个是手稿：富有特征的音确是降 E。在 1982 年 1 月至 2 月由查理法恩贡布（C. Farncombe）主持的“英国巴赫音乐演唱会”和“英国巴罗克乐团巴赫演奏会”根据 1754 年版本所录制的录音中，我们听到的也是降 E 调；该录音全亏了迪迪耶·埃里蓬（D. Eribon），我是从法兰西电台得到的。我感谢帮助我从音乐学的汪洋大海里解脱出来的人们，我在这方面是个门外汉，当时正陷入迷路中不能自拔。 52

如何解释拉雅特所作的替换？他是否认为，在两个关系调之间，在导音上的转调更符合学校教学，担心有人会把主调的转调当成“蠢举”？这种可能，亚当也曾经设想过，但很快就排除了这念头。在拉雅特的改编中，泰拉伊尔歌调的重复似乎也不符合1754年的版本，甚至不符合1737年的版本。

不管怎样，我总算得以做到像18世纪的听众那样，并且听到了拉摩实际上所作的那段乐曲。

9

53 我究竟听到了什么？当然是转调。然而，倘若先人的文章没有唤起我的注意，转调也许不会以自己的大胆和新奇使我这样的一般听众感到震惊。反之，我过去就觉得斯巴达人的合唱和泰拉伊尔的曲调（仅仅在1754年的版本中）所构成的整体是不可分割的，具有奇特的美。由于这个原因，把它们联结起来的转调所具有的重要性远比仅仅是音调的变化来得巨大：我觉得，音调变化同节奏的、格律的和旋律的时值相比是次要的。

亚当赞赏斯巴达人合唱的色彩和表现力，说：“分三个声部，以模仿方式表现的半音音阶（……）产生出最丰富、最多彩的和音（……）这一切，当首次有人尝试（……）在这段美妙的曲调中，凌驾着伟大而忧伤的感情时，我们在听或看这段乐曲时是能体会到的，但是除了引述这段合唱之外，别无其他办法使他人感受到这种感情。”

合唱是 F 小调，但是，管弦乐的序曲和间插曲全部都降了半音，似在设法抹去音调的意识和对音调的感受。然而，在这下降的半音之后，转调出现在小范围的音调强区内（《对批评歌剧〈卡斯托耳〉的回答，兼谈对音乐的一些看法》一文的作者指出：“它属于基本低音”）：构成转调的三个音是主音，即第一个音是这段曲子结束的音；第二个音（降 A 调）是关系音；第三个音既是下段曲调的音（降 E 调），也是其他两个音调的关系音。此外，也许尤其在全部由短音程构成的合唱之后，转调起着半音音阶和接连或达到 8 度音程的自然音阶之间的过渡，在泰拉伊尔歌曲的重复中，这种 8 度音 54
程得到全面发挥。在这个意义上，选择降 E 调作为富有特征的音，这个音符比导音高出半个音调，使听众对自然音阶的间隔有了准备，自然音阶的三拍格律的停顿（转调已经表现出来）在随之而来的相伴曲调中占主导地位。转调“说出了”比音调更多的东西。它“说出了”半音音阶向自然音阶的过渡，并以微型形式预示着巴松管在泰伊拉尔的曲调伴奏下所勾勒出来的惊人画面。

这一切安排得天衣无缝，令人产生疑问。在 1737 年的版本中，这两段曲子之间间隔着与合唱同调的很长的一场，这情节使听众无法将这两段曲子连贯起来。拉摩在起初设想过这种连贯性并有意使它中断吗？或是，在事后才发现两段之间的连贯并在第二个版本中将它突出的？我很想知道专家们对此的看法。

这是因为同上一个问题有联系的另一方面同样值得注意。

55 18世纪的听众，不管本人是否是作曲家（有许多音乐迷会作曲），对于技巧问题十分敏感。同样，对音乐的表现力也很敏感，也就是说对音乐表现情景和激情的方式很敏感。有一位听众指责"让一切呻吟"的合唱是一种俗美，说"这是教堂的乐曲"，同情景并无形象上的关系，对此，格鲁克[①]（Gluck）答道："正应当如此，（因为）这是一场真正的葬礼，遗体就在现场。"我引了他的原话，1782年7月的《法兰西信使报》编者为这段话加了重点号。（早在1773年，《对批评歌剧〈卡斯托耳〉的回答，兼谈对音乐的一些看法》一文的无名氏作者曾谈论过歌剧中的合唱同宗教音乐的所谓相像之处，也许是针对夏巴侬的，夏巴侬在《法兰西信使报》上发表了没有署名的文章："假定拉摩把卡斯托耳葬礼

① 格鲁克（1714—1787）：德国作曲家，他对歌剧进行改革，使它脱离意大利歌剧的俗套而向法国歌剧方向发展，追求自然和简洁的风格。

的哀调同［贝高莱兹[1]的］《斯达巴特》第一个曲子联系在一起，我们会认为他这样做有很大失误吗?”在他所著的《论音乐》中，写道：“因此，我们认为，在卡斯托耳坟前用柔情的和声唱出的《斯达巴特》起首部分同当时情景完全相符合。”）拉摩本人写道，在这段合唱中“丰富的下降半音音程描绘出由于极度悲痛感情引起的哭泣和呻吟声”。

拉摩对泰拉伊尔的曲调所作的说明证实了这种看法，即每种技巧的选择都明确地同富有表现力的时值有关联。下面这段文字值得一提：“在歌剧《卡斯托耳和波吕丢克斯》中，当5度音以下，即在最后音节上接着C谱号的F谱号以下时，难道我们不会同唱着‘忧郁的做作’的女演员一齐深感痛悔吗? 当C谱号在‘惨淡的 56
火烛’[2] 这几个词的最后音节之后又立即出现而我们已全无最初印象的残痕时，难道我们不感到宽慰吗?（……）若用G调代替F调，差异马上就会体现出来；这时，听众的心灵在G调中安然不为所动，只要同样的音调继续下去，一切都将变得与他不相干。”

---

① 贝高莱兹（Pergolèse，1710—1736）：意大利作曲家，曾写了宗教音乐，其中有著名《斯达巴特》。

② 实际是降A调和降E调；但“通过转调方法，我们称C音谱号为大调”（据《百科全书》中“C音谱号”条目）。——原书注

柏辽兹[①]（Berlioz）根据他的意思重谈这理由。关于泰拉伊尔的曲调，他写道："每个音符都有其意义，因为每个音符正是表现所要求的（……）还有主题的回归以及 A 调在主音 E 调上的变格速度，尽管和弦减弱的 5 度音——A 音不得不按自然音阶下行到 G 调；还有这低音无论在郁闷的静止中还是在逐渐下行中都同样地阴沉！所有这一切都使这个曲调变成悲剧乐曲卓绝的观念之一。"

拉摩还解释说，在这个曲子里，他想描绘"那种郁闷而阴沉的痛苦感情"。这也正是离我们较近的那位作曲家马松所感受到的，他说："在泰拉伊尔的独唱中，伴奏缓慢而沉重，和弦悠长，休止众多，这产生了一种忧郁和压抑的效果"；他也采用拉摩所作的解释，说："在开始时，这两个音程（5 度音和纯 4 度音）通过下行音阶表现出来，具有某种难以名状的愤世嫉俗之感，被下属音分割的 8 度音更加重了这种感觉"，拉摩认为这下属音同主音无关。

这种一致看法不应使我们忘记在 18 世纪曾有过一场环绕泰拉伊尔曲调的论战。前面已经提到的 1772 年 4

---

① 柏辽兹（1803—1869）：法国作曲家，作品有《幻想交响曲》、《罗密欧与朱丽叶》等。

月发表在《法兰西信使报》上的那篇没有署名（但都认为出自夏巴依之手）的文章曾以严峻的口气谈到“忧郁的做作”的独唱，说：“在那个时代是卓绝的，（但现在）使观众不寒而栗（……）使我们内心感到无比厌烦。” 57

1764年，夏巴依在拉摩去世后不久发表的《悼念拉摩先生》中，明白地发表了自己的看法：“泰拉伊尔的哀歌（……）感人而且忧郁，是一首美妙的宣叙调，但并不是优美的曲子。”那位持不同意见的无名氏，即《对批评歌剧〈卡斯托耳〉的回答，兼谈对音乐的一些看法》的作者马上起来反对。拉摩本来只需为泰拉伊尔的曲调配上洪亮伴奏即可。但是他并没有这么做：“拉摩如此巧妙地使用管弦乐并使它同歌曲结合起来，以至从属于主要情节的伴奏给歌曲带来了更多新意，甚至似为场面增添了忧郁色彩（……）管弦乐强烈和强制的表现力反倒会削弱女演员的表现力（……）对我们诉说的是女演员而不是管弦乐。”

我认为恰恰相反。独白并非依赖于合唱，合唱在我看来倒像是为独白作了乐曲部的准备，独白是合唱符合逻辑的延续，并将合唱引导到它的终了。18世纪的听众（夏巴依除外，他曾庆贺格鲁克在《阿尔米德》第二幕的勒诺的独白中把主题歌糅合在交响乐中并通过管弦乐曲来表意），拉摩本人，还有柏辽兹和马松从正面感受到的东西，在我，则从反面感受到；从他们感受到我的感受，我看到了表象与实质的倒置。

卡斯托耳之死，斯巴达人的哀悼，泰拉伊尔的悲伤很难打动我的心，我想，我的同代人也有同样感觉。在感情的表现方面，我们变得更加复杂了。我们的感情被其他的乐曲所感动：《唐·乔伐尼》、《特里斯当》、《卡门》、《道斯卡》及《佩利亚斯》……泰拉伊尔曲调的重复在我看来缺乏任何表现力，就像“那一类咄咄逼人
58 的，全然不顾主题的伴奏，也就是说伴奏同主题毫无明显的关系”，——马松所引的拉摩同代人说了这番讥讽话；除了他所指责的正是在我看来造成这种伴奏的特色的东西：在一长段中，发挥转调的形式和内容并提供它们的依据，而转调则已提前表露了这种伴奏。

这种重复以及随后的管弦乐曲——我觉得这些乐曲同人的感情并无关系——以完全不同的另一种方式打动着我。乐曲像是来自另一个世界，另一个时代：犹如斯特拉凡斯基重新审视了巴赫的节奏并为它打上自己的印记（巴松管音色占着主导地位，使人联想起“管乐器八重奏”）。管弦乐曲表达一种歌剧情节以外的话语。说不清楚这种话语是什么意思：它的含蓄内容是纯音乐性质的。

我们感觉到了泰拉伊尔曲调的管弦乐前奏，这前奏曲明显的是根据为其作准备的转调模式创作成的，它作 59
为转调本身的一种发展。前奏按照转调的模型，通过三个音符的和弦（另外还有低音弦）演奏出来，这些和弦缓缓地弹奏出来，每个音之间隔着相等的间歇。前奏环绕着降 E 调和弦与和弦的转位，先是降 E 调，接着又脱离，最后又回到这个调上。这进程出人意外（由于使用长音程的原因），在这过程中，这首庄严而令人起敬的歌使斯巴达人的合唱半音音阶转化为充分发挥的自然音阶。转调根本不是像当时的人所理解的那样，简化为两个音调之间的转移，它向听众揭示了复杂的程式，作曲家后来采用这种程式按建筑师的方式在多维上完成设想的计划。

让·菲利普·拉摩《卡斯托耳和波吕丢克斯》，1754 年版本（国家图书馆 Vm² 331）。

40
Castor et Pollux.
Préparons, élevons d'éternels monuments Au plus malheureux des Amants
Préparons, élevons d'éternels monuments Au plus malheureux des Amants;
Tous
Trio.
Au plus malheureux des Amants; Que jamais notre amour ni son nom ne périsse?
Au plus malheureux des Amants; Que jamais notre Amour ni son nom ne périsse?

Acte 2e Scene Pere
41
Que tout s'unis . . . . se,
que tout gémisse.
Que tout s'u nis . . . . se,
que tout gémisse.
Petit Silence
B.sons
Basses
SCENE IIe
Telaïre
Très Lent.
Violons.
B. sons.
Telaïre.
Tristes ap:

42
Castor et Pollux.
prêts, pales flambeaux, Jour plus affreux que les tenebres, Astres lugubres des tombeaux, Astres lu-
gubres des tombeaux, Non, je ne verrai plus que vos clartez funébres, Non, non, je ne verrai

读狄德罗的作品

10

67 狄德罗要求艺术家具有“两种基本品质（……）道德和远见”，他论述的依据是绘画，就像他同时代的艺术爱好者们根据音乐来作理论探讨一样，他说：“在对自然界的一切模仿中，有技术和精神两方面”；他还说：“有两种激情：心灵的激情和职业的激情。”今天，我们对形式和主题的关注并不是等同的。我们对图画含义的关注不如对画家是如何选择某种场景的关注，该场景的形象意图却是次要的。主题在其自身已变得无关紧要，它只需同现实紧扣在一起：绘画要避免彻底沉没在非形象艺术的汪洋中，这是必不可少的条件。

甚至在无道义意义的情况下，智方面的意义依然不变。（再说，无道义意义的作品有消极影响：宗教题材的画不管多么崇高，仍不如同一位画家的非宗教题材作品那样能感动不信教的人。因为不信教的观众，如果提出问题，是不可能赋予宗教画以道义的意义，道义的意义在他身上也不会引起任何反应。甚至对那些自以为对 68
宗教画疏远的人，道义的意义还会发生作用，只不过是反作用，如果可以那么说的话。）

因此，我完全不像那些拘泥于形式的人那样，会低估肖像学和寓意画像艺术分析的极重要意义；我也不会因为温德仅以一幅画为例而低估他对波梯切利[①]（Bottieelli）的《春天》所作解释的意义。我甚至想对这种阐释稍作发挥，指出“贞洁”女神（美惠三女神之一）[②]不仅把目光转向墨丘利[③]。她被丘比特[④]的箭射中时，她即倾心于他，而丘比特正忙于天堂事务，对此并没有在

① 波梯切利（1445—1510）：意大利画家、雕刻家，《春天》作于1478年，是一幅寓意画。

② 美惠三女神应为：妩媚、优雅和美丽。此处恐作者有误。

③ 墨丘利（Mercure）：罗马神话中的商业神。

④ 丘比特（Cupido）：罗马神话中的爱神。

意。这会是一场不幸的爱情还是富有理智的互爱？在这两种情况中，左边所体现的爱情关系也许同在右边肉体的情欲已显露在外的那一对——塞菲尔和克洛利所表现的爱情关系相对称，并且相反。在这两对之中，两性中主动或被动的极性也是相反的。

不管作什么假设，画的主题表现智的意义。这主题给画家提出了一个他必须解决的问题，迫使他接受一系列语义上的约束（“处理主题”）。除了这些约束之外，还有追求形式和谐所必然具有的约束：在自身优美的线条和色彩组成的层面上做好安排。通过这种结合，作品达到了更高的组织层次。在某个体系里具有词的价值的东西，在另一种体系中具有功能性的价值，反之亦然。

卢梭在《论语言起源》中，阐述一种绘画的理论，这是有关并作为他对音乐看法的说明。他也一样，是通
69 过双折射的水晶体来感受音乐和美术的：对绘画来说，一方面是素描，另一方面是色彩；对音乐来说，一方面是旋律，另一方面是和声。斯达洛宾斯基（Starobinski）说得好：“卢梭假设在旋律/和声的对立和素描/色彩的对立之间有着类同的关系。”然而，绘画与音乐却是不同的：“每种颜色是绝对的，独立的，而每种声音对于我们来说只是相对的，只有通过比较才能分辨出来。”（但是，当我们只是以声音振动的次数来确定各种音时，

声音是独立地存在的。绘画也一样，它使颜色的内在特性从属于画家在各种色彩之间所确立的各种关系。卢梭有时着眼于事物，有时着眼于事物之间的关系，这取决于他是谈论美术还是音乐。）

当我们在这两种艺术之间作进一步比较时，就会觉得，他有时预感到了并且指责非形象绘画的观念："请设想一下有个地方，那里的人们无任何图画的概念，但是有许多人以选择、拌和、调配各种颜色度日，他们以为（只要从事）这种简易的漂亮色彩就是擅长于绘画，而这种简易的漂亮色彩是不体现任何意义的，仅是炫耀各种美丽的颜色，一大堆五颜六色的东西，一长串没有任何线条的由深变浅的色彩而已。"如果是这样，那么人们就仍停留在纯感觉的领域，或是，"在不断的进步中，会取得棱镜的经验"，并且得出这种看法，即绘画艺术全部在于认识并将"存在于自然中各种关系"付诸实践。这种寓言扣人心弦，因为它以夸张的形式为我们预示了初期印象派所处的困境以及修拉所找到的摆脱这种处境的方法。

然而，这个发展的全过程却是从巴端（Batteux）修士的作品《还原到同一原则的美术》中得到启迪的，这部著作发表在 1746 年（狄德罗在批驳该书的借口下，从中大肆剽窃该书观点）。这部作品说："任何乐曲都应

当有某种意义（……）一位画家仅满足于在画布上随心所欲地画线条，涂上一片极鲜艳的、同某种人们所知物
70 品无任何相似之处的色彩，那么我们会如何看这位画家呢？这同样适用于音乐，（……）每个调都经过周密考虑，和音极其严格，倘若，有了所有这些优点，乐曲却不表现任何意义呢；我们只能把这种音乐比作棱镜，它显示出最美的色彩却不是一幅画。这犹如带色彩的羽管键琴，它看上去彩色缤纷，目不暇接，但肯定会令人生厌。”

卢梭在另一篇文章中的观点更为新奇，文章开头对习俗在美学感受中作用的论述不乏大胆之处：“这种作用使专断的作法进入模仿中。”和音就是如此，和音的所谓规律是近似的，我们之所以乐于接受这种规律并非由于它们的真理性，而是习惯所致。在绘画中也同样：“若观众的感官没有出错并仅是如实观看这幅画，那么他必然会在各种关系上弄错并觉得这些关系是虚假的。”在画的色调中，在色彩的和谐中，在图画的某些部分，“也许会有比人们所想象的更多的专断作法，（……）模仿甚至可能具有习俗的规则”。

后面接着是这段惊人之语：“为何画家们不敢于从事新的模仿？对于这些新的模仿来说，只有自身的新奇才会将其取代，再说，新的模仿之作完全有艺术的活

力。譬如，使一幅平面画富有立体感，这对画家来说如同游戏一般，那么，为什么没有一位画家曾试图把具有立体感的图画成一个平面呢？倘若他们把天花板画成拱顶，为什么不把拱顶画作天花板呢？他们会说，阴影从各个角度看上去不一样，平面画就不会出现这种现象。 71
让我们把这个困难抛一边，请一位画家画一幅塑像并着色，使这尊塑像看上去扁平、平坦，但仍保持原色，却无线条，光线相同并同一个视角。”卢梭也许在这段话中提前揭示了立体派的奥秘之一。我不知道这些画家是否曾经为塑像画着色；但是当他们把塑像搬上图画时，塑像的立体感消失了，呈现为本面，阴影不见了或是变成为不同的色调。

卢梭从画中一方面看到色彩给人以感官上的享受——而色彩的价值是纯装饰性的，另一方面获得了于艺术毫无补益的色彩外形规律的知识。当我们把音乐减缩为和声学时，也可看到同样的两重性：和声学仅让我们在音带给感官的乐趣和在高明的乐曲中产生这些音的演奏规律之间作选择，而这种高明的乐曲本身并不会给人以任何乐趣。

在谈到绘画和音乐的另一方面，即图画和旋律时，卢梭却认为这二者具有描绘功能：“只有模仿才使这二者提高到这高度（美术的高度）。”这种把图画减缩为趣事的看法，使我们同安格尔对图画的观念相距甚远，安格尔说，图画是“艺术的廉正”：由此，作品达到严谨的结构和内在的平衡。但是，卢梭像狄德罗一样，在技巧和形象之间来表现美术，而没有看到美术整个地处于两者之间的空间中。

11

72 普森的每幅画都讲着一个故事。他的同时代人尤其赞赏他善于用增加画中人物数目的方式以详述故事内容。其实，他画上的故事是极缺少趣味性的，因为，若用语言学的术语来说，普森画上的组织是形态变化的范例，而不是意群性的。他在谈到《拉·吗哪》[①] 时写道：“我找到了某种布局（……）以及某些自然的姿态，它们显示出犹太民族身陷贫苦饥饿之中，还有犹太民族的快活和喜悦；他们深情的仰慕，他们对立法者的敬重和崇拜。”普森就这样在他的画上汇集了问题的各种素材，但他并没有把这些材料变成当时接连出现的各种事件。

---

① 《圣经·旧约》：天赐食物之意，原意为：“这是什么？”摩西率领以色列人出埃及，在旷野绝粮。晚上鹌鹑飞来，次日晨，地面有许多白色圆片，味同薄饼。以色列人互问：“La Manne?”（“这是什么？”）

收藏在法兰克福的《比拉姆和梯斯贝》[1]（*Pyrame et Thisbée*）的（暴风雨场景）中，池塘里的水纹丝不动，显得与在风中东歪西倒的树枝并不相符。然而，正像普森所说，他在画中安排了从事各种活动富有活力的形象，这些人“随天气变化扮着自己的角色”，他在这幅画中，画上了在不同时刻的暴风雨场景：风暴大作和第一声惊雷爆发前的死一般的寂静，这时，天空正变得
越来越暗。这是典型的普森方式，它把各种可能都并列 73
展现（在《日耳曼尼古斯[2]之死》中就可看到这一点），这方式同故事的叙述是相背的。

《所罗门[3]的审判》（罗浮宫收藏）也一样。历史上，并无孩子在国王面前死去这种记载（当然并不是指《圣经故事》，中卷Ⅰ国王篇Ⅲ，16～27 页）：孩子已死去，在这一点上，大家看法是一致的，这事已解决了。但是，对普森来说，重要的是情景中所有因素都必须同时出现，甚至这些因素在时间上并不一致也罢。正如在中

---

① 巴比伦传说，比拉姆和梯斯贝是一对恋人，但遭父母反对，两人私奔出走，终以悲剧结束。故事在文艺复兴时期很有名。

② 古罗马将军（公元前 15 年—公元 19 年），奥古斯丁之侄孙，被人毒死。该画作于 1627 年。

③ 据《圣经》，他是以色列王，在位期间是以色列的强盛时期。他还以智慧著称：一次两妇人到所罗门那里告状，都说自己是婴儿的母亲，所罗门命令把婴儿劈成两半，分给两人。所罗门判定反对的人是婴儿的母亲。

世纪的雕塑艺术中我们可从圣人的明显特征来辨认他们那样，普森所画的那个坏母亲符合她的定义，即那个死孩子的生母的定义：孩子在她怀抱里（这样，普森得以使妇人蜡黄的脸色同其他色彩形成美妙的和谐，小孩的肤色铁青，衣服呈暗红色和橄榄青色，若在两名妇人身上分别使用这些色调是完全不可能的）。时间一致性的规则并没有构成追求画面和谐的障碍。在谈到《击石求水》[①] 这幅画时，普森提出了画家的这种自由权利："足够地认识在他欲表现的事物中（……）所允许的程度，这些事物被当作并被视为它们自身的模样或是应该成为的那种样子"。

普森的同代人同他一样，并非不明白问题所在，但是，他们拒不为之而止步。勒布朗在皇家绘画学院作了一次关于《拉·吗哪》的讲座，他毫无保留地盛赞这幅画，这时有人批评说，普森本不该把以色列人画得如此贫苦悲惨，"因为当天赐食物落在荒漠中时，百姓已经得到了鹌鹑的救援"。对此，勒布朗立即反驳说，绘画不同于历史："画家只有瞬间时刻，他必须捕捉住自己
74 要表现的事物，以体现此时此刻所发生的事情，有时，

---

① 圣经故事：摩西根据上帝旨意，打击岩石求水，以解救在荒漠中行走返回以色列的犹太民族。

必须把先前发生的许多事件联系在一起，以使人们懂得自己阐明的主题。”菲利比安则说，历史学家连续地表现他所感兴趣的某种行为，而画家应当“把在不同时间发生的数件事糅合在一起”。

正像在其他领域那样，18 世纪在绘画这方面有时也显得往后退（也许，学院派必须僵化、死板，经验和理性的精神才能腾飞）。不管怎么样，狄德罗拒不接受普森、勒布朗和菲利比安为画家设定的活动范围，他说：“在（某幅画所表现的）那些动作之间，倘若我看到某个人物是属于这些动作发生前或后那瞬间的人物的话，统一的规律就破坏了。”

狄德罗又在《百科全书》一文中重提此事，为克服这种障碍，他提出一个有趣的理论。既然“绘画是永久性的，它只是即时态的产物”，因此它只能展示自然界的不连贯的场景：“您尽可随心所欲多次重复画出这些形象，它们中间必然会有中断处。”这样，绘画回归到一个极一般的哲学问题上，即数目的理论已面临的问题：“如何衡量由离散的数量连续而成的整个数量？”

狄德罗接着说，然而，语言说明一种类似的境遇，因为“在表述中有一些必然是无法确定的微妙的细微差
别”，而从这种观点出发，这位百科全书派人物在他传 75
授知识的计划中由于“无法使整体语言都成为清晰的”

而却步了。

但是，语言同绘画的情况相反，它拥有调和的手段：词根比包含它的词要少，但它在相同性质的离散的词之间显示出连续性；同词相比较，词根体现着中介态，它同绘画无法表现的中介态很相似。

因此，**不变性**使连续和离散之间的二律背反得以克服。狄德罗在把绘画同言语作比较的论述中中途止步了。人们也许会期望他对绘画问题自身的不变性概念作出研究。但他并没有这么做，他似乎承认格吕兹[1]（Greuze）的画已经解决了这问题："这是本该如此的，"他在1759年《沙龙》[2] 上谈到《乡村未婚妻》时说道。但是，丝毫看不出狄德罗在格吕兹作品的风格和构画原则上曾研究过这种不变性存在于何处。事实上，狄德罗对格吕兹的热情别有他因。

我觉得这种热情可同那些最美丽的图画的爱好者们（狄德罗不是很欣赏夏尔丹吗？）见到电影发明时的欣喜相比较。格吕兹也发明了某些东西：他通过极现实、极

---

① 格吕兹（1725—1805）：法国画家，擅长于风俗画，狄德罗是他作品的热情的欣赏者。

② 《沙龙》是在1759—1781年之间，狄德罗所写的艺术评论，发表在他同格利姆的文学通讯上。这句话，实际上是出自1761年的《沙龙》："我觉得构图很美，这是本该如此的。"

仔细的手法来表现瞬间，这些手法给人以时间持续的幻觉——即使是由于对这种手法作细心察看所需的时间。理查逊[①]（S. Richardson）已在文学作品中这样做了，只需移植即可："我们生活的世界是戏剧舞台的所在地；人世这场戏的本质是真实的；剧中人物具有尽可能的现 76 实性；人物的性格取自于社会；人物的遭遇也符合一切开化民族的社会习俗（……）若无这种艺术，由于我的心灵难以屈从于空想的方面，那幻想只是短暂的，印象只是淡薄的过眼烟云而已。"[②]

狄德罗所欣赏的理查逊作品中和格吕兹画中的东西正是后来对电影艺术所要求的那些东西："激情的爆发往往使您为之震惊；但是您远无法了解在有力的笔触和表现中所含有的奥秘之处。每种爆发都具有自己的面貌；所有的面貌相继出现在一张脸上，然而这并不总是同一张脸；伟大的诗人和伟大的画家的艺术正是向我们显示我们所不曾抓住的瞬间即逝的某种境况。"对我们对特写镜头的要求来说，这是再好不过的描绘了。正是

---

① 理查逊（1689—1761）：英国小说家，他的作品曾对狄德罗和卢梭产生很大影响。

② 这段文字摘自狄德罗的一篇文章《向理查逊——"巴梅拉"、"克拉莉丝"、"格朗梯松"的作者致意》，该文发表于1762年《国外新闻》上。文中他阐明并发挥了他的美学原理。

这种在发展中的“西部影片”一面使狄德罗被约瑟夫·凡尔耐①（J. Vernet）的作品吸引住了：“以一种无限的艺术，将动作和静止，阳光和阴影，静穆和嘈杂交织在一起”。

艺术史有时奏着手风琴。理查逊以他“必要的长度”首先拉长文学作品，而格吕兹的瞬间镜头则将它压缩在自己的画中（详述要费许多篇章，请见《沙龙》）。而电影同画一样，是以图像来运作的，它以增加图像的方式使图像在时间持续上拉长，正如文学作品用词来拉长作品一样。

12

77 狄德罗在发表于1751年《百科全书》第一卷“美”这一条目的开头称，他要为美的本质问题找到答案，在他之前，所有的人都在这问题上碰了壁。事实上，他重提一个十分古老的哲学思想，拉摩关于音乐的理论著作已为此增添了光辉的论断：美在于感受各种关系。什么样的关系呢？

狄德罗十分注意不把抽象和具体、形式和内容、思

---

① 凡尔耐（1714—1789）：法国画家，创作许多风景画尤其是海洋景色。

想和事物分开，他在关系这个概念中看到了从对共同的经验的理解中得出的抽象，这经验具有如此般的共同性，“以至对人来说，没有能变得如此熟悉的概念，倘若不说生存概念的话。”但是，若关系这概念只源于生存概念而不是其他任何源泉的话，若在自然中，所有的一切都在感受各种关系的话，那么，在所有这些关系中，有哪些确定了美的概念呢？它们又在哪些方面同其他关系有区别呢？

狄德罗曾两次试图回答这个问题。在同“美”条目同时期写的《关于聋哑人的信》中，他提出“象形的符合”理论，这理论承认诗歌同时具有叙述和表现事物的能力，他说：“在理解力把握着这些事物的同时，想象力看到了它们，耳朵听到了它们。”诗的话语就像是“相互堆砌起来的象形符号的织品”。他用古诗和现代诗歌的各种实例来阐述这种理论，并从音和韵律的角度对这些诗作分析。今天，对同样的作品所作的结构主义分析会把狄德罗的大部分意见作为分析的最初阶段接受下来。 78

这种设想诗歌的方式是很现代的。但是，它归狄德罗所有吗？我们注意到在巴端神父的作品中已有，但事情并不止于此。《关于聋哑人的信》自始至终是针对巴端的语言尖刻的论战。然而，当狄德罗称他已经打垮了他的对手，向他表明“音节的和谐和复合的和谐产生出某种诗歌特有的象形符号”时，他只是在重复巴端按同样次序提出的三种和谐的理论，只有一点不同：第三种和谐，即诗歌特有的和谐，一人称作“人为的和谐”，另一位称为“偶发性的和谐”。

狄德罗太容易受别人思想的影响，以至他常以为这些思想是属于他的。他以那种宽容的善意转而批评提出这些观点的人们，说他们不曾想到这些，而且，他又把他还未曾读过这些作品时所主张的那些看法加在他们头上去。这种把戏在今天依然可见。

我并不想说巴端神父是一位思想深奥的人。但是，狄德罗针对他的伟大思想——艺术的唯一目的是模仿“美丽的自然界”，提出了一个不高明的论据：一个画农舍的画家很喜欢在房前“画上一棵皲裂的，扭曲的，剪过树枝的老橡树，要是这棵树在我房前，我会让人把它砍掉”。因为巴端事先曾解释过为什么在自然界中并不讨人喜爱的东西在艺术中可能会令人快活：“在自然界中，它们使我们担心我们会遭毁灭，因此在我们身上引
79 起由于看到某种现实的危险而产生的激动情绪：激情在其自身使我们欣喜，而危险的存在又使我们不悦，问题是要把同一种印象的两部分分离开来。艺术取得成功之处正在于此：在向我们展现使我们担心害怕的事物中，

同时又让我们看到艺术自身，使我们宽慰，并通过这手段给我们以激情的欢悦而绝不掺杂任何不快。”

狄德罗在发表那封《关于聋哑人的信》后数年（在当时，他并不相信象形符号的理论能用于绘画；或是确切地说，他在这一点上自相矛盾），曾试图在1763年的《沙龙》中另辟蹊径。他说，画上的色彩并不是再现模特的色彩，画的颜色显示出同模特的色彩是同源的：“伟大的魔力在于接近自然并使一切都按比例地有得有失。”绘画并非模仿，而是表现。然而，这一回论述又突然中止了；在数页之后，狄德罗承认这一点，说：“我们对这魔力一无所知。”在1767年的《沙龙》中，象形符号说已无任何痕迹了，除了“并不比彩虹的效果具有更多俗套的某种艺术”的思想之外，思想和声音之间的神秘的沟通被他减缩为他的那种感觉效果，而不明白这种沟通首先是智能性质的。

为避开这些僵局，本应当承认美并不能减缩为一般的对各种关系的感受，因为这对任何事物来说都是如此。在某个美的事物中，这些关系自身是相适宜的，这使该事物具有一种更大的密度。狄德罗只承认简单的关系：他摈弃复杂的关系。相反，美的事物打断或削弱简单关系，这些简单关系把具有一般经历的各种事物联系起来，并且美的事物作为其他事物中的一种，它本身也

80 同这些简单关系相连。我们注意到了这种效果，或是说我们强调艺术作品就是有助于这种效果。普森要别人为他的《拉·吗哪》装饰上“突饰（……）以使从各个角度看画时，目光得以集中在突饰内，而不是分散在外，接受近旁其他物体，这些近旁的物体同画上事物交杂在一起使光线模糊”。

在艺术作品内的这些多种多样的关系，排除了艺术作品同其他方面的各种关系，它使艺术作品提高到具有更强表现力的水平。这些关系在它们之间保持相宜程度，使艺术作品成为一种存在于自身并通过自身而存在的实体。正像康德（Kant）所下的定论：无（外在）目的的（内在）目的性；换句话说，即绝对之物。

狄德罗的那些半途而废的尝试，在很大程度上是由于 18 世纪热衷于培根（Bacon）的思想家面对实证的紧迫需要而产生的急躁。他们对经验有一种饥渴感。由此，一旦他们缺乏经验，就编造经验；或是当意识到自己站不住时，就重新搞抽象化。狄德罗曾有两次明白美学问题只有通过研究具体情况才能得到解决：在他对几句希腊文、拉丁文或法文诗的“象形符号”分析中——但是这个想法并非出自于他，而且他仅限于对音响和诗
81 句长度作分析；另外，在有关夏尔丹的几篇论据充实的思考中——在这些文章中，他并没有涉及其他画家。为

他说句公道话：他意识到了这些不足之处。在“美”这篇文章中，他的那些欠缺之处同他自己的观点对立起来。但是，他以为怎样才能解决呢？他以纯粹否定的方式，统计出所有人们错当成是美学关系来接受的各种关系的实例，却没提出可能真正是美学关系的那些关系的明确定义，即他任其留在模糊之中的其余一切。

事实上，狄德罗通过对一些具体情况的思考——这种思考本该更加深刻些——并没能克服思想和事物、感觉和心智的矛盾，他的文章在这种矛盾中终于失败了。这类矛盾一直持续到《沙龙》的文章里（在这些评论中，狄德罗却是以具体事物为例的），范围已减缩到道义和技巧之间的对立：根据他所看的画作（格吕兹或夏尔丹），他当时的情绪或时间的不同，他在这两端之间摆动；但在他的文章中，这两端既没有会合也没有露出间隙。

13

康德赋予间隙概念以最终定论，美学评判也许正置于这种间隙之中，正如兴趣判断、美学判断具有主观性，但它又像知识判断一样，欲具有普遍的价值。我觉得极不规则形态的发现揭示了这种间隙的另一侧面，它不仅仅关系到美学的判断，而且关系到判断承认其艺术 82

品价值的那种物品本身。

自然中，一些司空见惯的事物虽然我们很少去辨识它们，但是它们的形态极不规则，往往唤醒我们身上的美学感情。这些事物难道不是“间隙”？而且是从双重意义上讲的吗？它们的实在是线和面之间的中介；产生这些事物的算法——将某函数重复运用到它的连续产物上——还需作过滤，过滤排除或是取消了通过计算得到的某些价值（要根据这些价值是否落在场上，是偶数或是奇数，在左边或在右边；或者根据其他的标准）。

这些计算的图解或声学的描述证明了所有的极不规则的形态用到绘画上时，就可以体现——为简单起见——我称之为装饰艺术的那些事物的各种各样形式。根据计算的方法，所选择的最初价值，运用复杂数目和实际数目的不同，我们甚至觉得能辨识出各不相同的、经过验证的种种风格：东方装饰、新艺术、克尔特人艺术，以及克尔特艺术的伸延——爱尔兰艺术（令人惊讶的是：克尔特装饰也是经过过滤的产物。艺术家用圆规画出许多相互交叉的圆；圆弧形成后，他留下一部分，抹去另一部分）。对计算的某些产物，我们难以从中发现精确的相似之处。然而，必然承认这些产物同某些过去可能存在的或以后可能存在的风格是相符的。

83 我们也可以把极不规则形状用于音乐上。在音程和时值的形式下所显示的描绘使我们看到装饰音乐的特性，这种装饰音乐只可能给耳朵造成更易接受的音响气氛而已。

这些结果的有趣之处是，由一位大画家——他也酷爱音乐——以现代的语言，以感觉经验的素材为依据，发现并表达了极不规则形态的本质和实在性（贝奴瓦·曼德布洛［B. Mandelbrot］在 1975 年发现并提出了数学理论）。德拉克洛瓦在 1854 年 8 月 5 日的日记上提出了一些看法（他说，这些看法是从 1849 年 9 月 16 日在树林里作画时写在一本写生簿空白处的随感中转录而来的），我把它抄录如下：

“自然界同自身保持着奇特的一致性：我在特鲁维尔的海滨画岩石的碎块，其高低不平都成一定比例，以至画在纸上使人觉得是一片辽阔的悬崖峭壁；只缺一样可以表明大小规模的实物。此刻，我正在一个大蚁穴旁写东西，这蚁穴在树脚根边，一半是小块起伏的地面，另一半是蚂蚁慢慢地挖成的；这儿是一些斜坡，一些悬垂的部分，构成狭道，忙碌的居民在那里往返，就像小人国的小人一般，我们的想象随时都能把它们想得很大。只是巢穴的东西，我可任意把它看成是一大片布满峻峭岩石和陡坡的地面，因为那里居民身材十分矮小。一块煤或火石的碎块，或是随便什么石头，都能以微观形式展现巨岩的形状。

84 “在第厄普，我在海浪卷来就会被淹没的齐水礁石中也注意到同样的情形；我看到海湾、海峡，悬垂在深渊上空的笔直的山峰，崎岖曲折的峡谷把我们周围常见的高低起伏的地面分割开。海浪也同样，自身分成小浪花，小浪花又分成更小的，并各自展现出相同的光线的明暗和同样的图形。某些海洋巨浪，譬如在开普敦，据说有半法里之宽，这种巨浪由各种海浪构成，其中大多数的浪花同我们在花园水池里所见的浪花一样大小。

“我在画树时曾常常看到某个分杈自身就是一棵小树：要把它当成一棵树，只要树叶在比例上相应地缩小就成。”

85 该文的惊人之处不仅是所举的实例：海滨、树木，而且这种极不规则形态理论后来也是典范。德拉克洛瓦以明晰的笔调表述了极不规则物体的显著特性，正如我们所知，各种规模的极不规则形态都具有不变的结构；还有，不变的结构作为一个部分，不管所选的是大还是小，都同整体具有相同的拓扑性。举例来说，音乐作曲的极不规则特性源于这样的情况：少量邻接的音符之间的关系始终是不变的，而在同一部作品中，可把这些小片断同更大的段落作类比。

在音乐大师的作品中，这种结构也可看到。巴尔扎克早已说过："在贝多芬的作品中，效果可说早已做好安排（……）贝多芬交响乐曲的各部分遵循符合总体要求的既定顺序并从属于经过绝妙构思的计划"。当代的乐理大师查理·洛桑（C. Rosen）用从极不规则形态理论中借鉴来的语言对此作解释说："贝多芬作品中的大规模转调同最细微枝节变调采用相同的手段，在实现转调的过程中，两者的相似立即可以听出来（……）听众觉得**听到**了结构。"后面，他再次谈到"大规模的结构的扩大"。

然而，我注意到了这种情况：极不规则形态算法的伟力只能使其在美术和音乐方面产生那些我称作装饰性的小型类别，即使——至少对于绘画是如此——它们往往在精巧和复杂性方面超过了装饰艺术家实际上所创造的一切。但是，有一条鸿沟把图画或真正音乐作品同那些动人之物分开来。事实上，这段距离是无法跨越的。我们能设想它并非确实是不可跨越的吗？人们可能会注意到，产生极不规则形态所必需的过滤 86
显得与感官和神经中枢经过各阶段所进行的过滤相类似，感官和神经中枢传递给大脑的仅仅是在边缘区记录下来的某些印象。

倘若，大脑从这些原始素材中提炼出某些不变性的特性（经过经验、个人经历等调整之后），我们就能探讨艺术品的起源问题。其渊源不是一种大脑模式的回归行为吗？这种大脑模式一旦投射在作品中就会把感觉印象同思维对象融合在一起。

话语与音乐

14

雅克布逊[①]（R. Jakobson）在60年前曾指出："用语言学的术语来说，音乐同诗相比较，其特殊在于音乐约定俗成的整体（用索绪尔[②]的语汇来说，即语言）局限于音位学体系，它并不包括音 89

① 雅克布逊（1896—?）：俄裔美籍语言学家，音位学创造人之一，《普通语言学概论》的作者。

② 索绪尔（1857—1913）：瑞士语言学家，对现代语言学的发展起决定性作用。

素的词源分布，因而也不包括词汇。”

音乐无词语。音符，我们可把它叫作乐音素（因为正像音素一样，音符自身并无意义；意义来自音符的结合），在它和短句（不管以怎样的方式对短句下定义）之间，什么也没有。音乐无须词典。

卢梭似乎持相反的看法：“一本选词精良的词典并不是夸夸其谈的赘述，也不是具有优美和弦的谱子——一本音乐乐谱。”但是，即使是“优美”的和弦也无法同词语相比。卢梭比谁都清楚，无法把音符与和弦区分到如此程度。每个音符在其自身中就是和弦，因为“它有所有的同时发出的和声的音与之相随”；卢梭用此论据转而攻击拉摩：“和声是无用的，因为和声已在旋律之中。和声不可增添，和声可重复。”巴端在此之前表述得更加明白：“一声高兴的呼喊，即使在大自然中，也具有自身和声与和弦的本质。”

90 19世纪的声学科学证实了这一点：“乐音在其自身已是部分音的和弦，（……）反之亦然，在某些情况中，和弦也能体现音。”假如，和弦和音接近到如此地步，以至有时，也许总能混为一谈的话，那么在这二者与音乐短句之间不存在任何同发声语言中由词构成的中介组织相似的东西。

有人会对此提出质疑吗？对那些有别于我们的音

乐，如传统的或异国情调的音乐来说，以日本音乐为例，其基本组成部分并不是音符，而是节拍和旋律单位，是“所有作曲家和演奏者所共识的最小单位”。即使在这种情况下，我们也发现不了任何属于词语一类的东西。这些单位事实上是一些可同古代游吟诗人和民间歌手所采用的惯用语相比较的“微型句子”，专家们把这些惯用语称为“在相同格律条件下为表达某种既定和基本思想而经常使用的”词组；因而，具有句子的词序，即使这些句子是套语也罢。

人类说着或是说过成千上万种相互不通的语言，但是可将它们翻译出来，因为这些语言都拥有某种源于普遍经验的词汇（即使这种经验被每种语言以不同方式切割开来）。这在音乐上是不可能做到的，音乐中并无词语，所以有多少种语言就有多少作曲家，也许，说到底，就有多少种作品。这些语言是无法相互翻译的。虽然人们不曾做过这样的尝试或是很少做这种尝试，我们也许可设想这些语言是可以转换的。

据一位当时在场的人说，罗西尼[①]（G. Rossini）在 91
一次同瓦格纳的谈话中似乎这么说过：“在激昂的管弦

① 罗西尼（1792—1868）：意大利作曲家，主要作品有：《塞维尔的理发师》、《偷东西的喜鹊》等。

乐中，有谁能确切地说清楚在描绘风景、暴乱、大火之间的不同之处？……始终是约定俗成！”人们会承认一位不警觉的听众也许说不出这是德彪西（Debussy）的《大海》中的海洋还是《漂泊的荷兰人》[1] 开头的大海：必须要有标题。但是，这标题一旦得知，当人们在听德彪西的《大海》时，眼前就会出现大海，而在听《幽灵船》时，就会闻到大海的气息。

罗西尼对模仿问题的回答并不充分。几乎被人遗忘的18世纪的思想家的思考显得更加深刻。米歇尔-保尔-基·德·夏巴侬（1730—1792）是位小提琴师、作曲家，还是位哲学家，他的观点同安德列·莫尔雷修士（1727—1819）是一致的，他说，音乐并不模仿我们感官所感知的效果，甚至，说得确切一些，音乐并不表达我们的感情。音乐若减缩为只有旋律，它便不可能表达愤怒或盛怒：在阿喀琉斯[2]发怒时，格鲁克用60种乐器抑制住他的声音：“愤怒是一种不可唱出来的感情。”然而，模仿问题使莫尔雷感到为难。他同意给予模仿一席之地，只要这种模仿是不完全的；由此产生了不合情理

① 瓦格纳的作品，作于1841年，德文为Der Fliegende Holländer，剧情取材于北欧的传说，瓦格纳作词、作曲并编剧。

② 希腊神话中的英雄。他击败特洛伊主将赫克托耳，使希腊联军转败为胜。

的现象；模仿比自然更胜一筹（在音乐中表现的夜莺叫声比用机械手段复制下来的夜莺叫声更讨人喜欢）。夏巴依惊叹道："为什么诗歌、绘画、雕刻应当给人以忠实的形象，而音乐却是不忠实的形象？要是音乐不模仿自然，那么它又是什么呢?"这是一个虚设的问题，正如视觉和嗅觉那样，耳朵接受即时的乐趣，因此，音乐不依赖于任何模仿却使人欣喜。

然而，有时音乐对听众来说含有某种意思。夏巴依 92
在这问题上同莫尔雷看法仍是一致的，他通过我们身上这样或那样的感情与音乐所引起的感受之间的相似性来解释这种现象。音乐直接地作用于我们感官，只是感官(即使在歌唱里也有"先于歌声魅力的魅力")。但是，精神介入到感官的乐趣中：在无确定意义的声音中，"精神寻找着各种关系，同各种事物的相似之处，同自然界不同效应的相似之处（……）精神只要找到最细微的相似，最微弱的关系就足够了"。倘若我们注意到"高明的画家"欲绘制同一种形体的各种画，"那就会发现这些画总是或几乎总是，"莫尔雷写道，"具有类似的步履，并且在动作中，或在节拍中，或在间距上，或在服装式样上有某种共同的东西"。夏巴依又举出了一些实例：两个音符轻微而连续的颤动以表达溪水的潺潺声；音符急剧地迸发或下降表示闪电雷鸣或大风呼啸；

许多低音共鸣并奏出旋律表示海洋的浪涛声，等等。

在一些作者欲表示某种自然和精神现象颇为有名的作品中，要揭示共同的结构，尚需作进一步的分析。正如莫尔雷和夏巴依一样，我并不怀疑我们会找到某些不变性。

（在《玫瑰骑士》① 第二幕和《佩利亚斯与梅丽桑德》② 的最后节拍里，听众在由缓慢发出的不和谐音构成的动机中听到相似之处。梅丽桑德死后，阿尔凯勒对人的命运所作的绝望的思索和奥克塔汶与索菲初次见面便一见钟情之间有什么共同处？这一对情人的爱情产生于似乎是毫无希望的境遇中。在这种境况和那种境况中所产生的痛苦而忧郁的感情通过“心灵的撕裂”表现出来：我在这短语中看到了这两种境遇共同的因素，而音乐几乎以有形的方式体现了这词语。）

93 夏巴依又向前进了一步——他对蜘蛛发生了兴趣，

---

① 三幕喜歌剧。理查·施特劳斯曲，霍夫曼斯塔尔编剧。1911年初演于德国。剧情：巴伦要娶商人的女儿索菲，并要把银制玫瑰送给她。奥克塔汶伯爵暗中得知，便男扮女装成侍女去送玫瑰。索菲与奥克塔汶一见钟情。巴伦欲与伯爵决斗。索菲之父硬逼她与巴伦成婚。奥克塔汶设妙计，巴伦上当后后悔莫及。两情人终成眷属。

② 五幕歌剧。德彪西作曲。剧情：梅丽桑德的年迈丈夫发现自己年轻的妻子与姻兄弟佩利亚斯有私情。在盛怒中，他刺死情敌，最终其妻梅丽桑德也自杀。

给蜘蛛奏各种小提琴曲子，想知道蜘蛛对哪一类音乐敏感，——设想出一个极漂亮的形象，赋予沟通这概念以其全部规模。他说，艺术的哲学的最高使命是提醒人们注意每一种特别从其他使之感受到的感官中获取的感官：“蜘蛛就这样位于它自己的网的中央，同各条线路保持沟通，因而生活在每条线路之中，并能（如果这些线路像我们的感官那样受激励）把其他线路可能给它的感受传给其中之一。”（蜘蛛颇为时兴：在《达朗拜尔之梦》中我们再次见到蜘蛛网的这种形象——作为意识的延伸，该作品写于 1769 年，但仅在夏巴依死后很久，即 1831 年才问世。）

这些波德莱尔式的沟通首先并不属于感觉。它们在感官上产生的反响依赖于理智的活动（狄德罗在他的象形符号理论中不接受这一点）：“用音乐描绘出给眼睛留 *94*
下深刻印象的东西，并不专门为了耳朵：而是为了精神，它位于这两种感官之间，它对它们的感觉进行比较，把它们结合起来”，并且把握着它们之间的不变性关系。这些关系无须人们为之寻找内容，这是一些形式：“下行音符的自然音阶次序所描绘的白霜坠落并不比其他东西坠落更多。”音乐家想表现日出吗？他描述的“不是白天和黑夜，而仅是对照，任意的对照：人们所欲想象的首要的对照，也就是由表现光明和黑暗之间对照的同一种音乐来表达”。词语在其自身并无价值；只有关系才是重要的。

15

双重的悖论。在 18 世纪的中期，索绪尔在后来创
95 立结构主义语言学所依据的那些原则，由一位在音乐方面形成了某种类似我们今天归功于音位学的那种观点的作者明确地表述出来；他阐明了这些原则，虽然他把发声的言语和音乐看作毫不相干的表述方式。

音乐由音造成。然而“乐音自身无任何意义（……）每个音都几乎是无价值的，它既无意思也无自身特性”；在这方面，乐音有别于话语的各种单位，在词语中，在音节，甚至字母中，这些单位能被视为具有长音、短音、流音等特征，而“音阶的唱名 do 和 ré 根本不具备各自不同的特性”。音乐给人的乐趣有赖于——尽管每个音在本质上毫无价值——这个音前面的各个音和它之后的各个音。

正如我们所知，夏巴侬的音乐学说要比他的语言学学说领先许多，他的语言学学说并没超过语音层次。现代语言学的观点是以对音乐的思考而不是对语言的思考
96 为基础形成的。在这意义上，我们可以说在思想史上，“乐音学”超前并预示了音位学。

两者之间的距离并非同这种情况无关：在音乐中，并无同词汇相应的发音层次。夏巴依完全明白这一点。倘若说音乐确实是一种语言，“这种语言具有自身基本特征，即乐音；音乐有自己的短句，表示起始，中断，结尾”；但是，在乐音和短句之间，则什么也没有。自然界也许本想使音乐为我们的所需效劳，正像发声的语言那样：“要使歌声表达并传递思想，本该是习俗把思想和音乐联系在一起，没有更容易的事了。”然而，音乐无视词典。由此产生这样的后果：假如说有声语言能以变换词序或用不同的词来表达同一种思想，那么在音乐中这是不可能办到的。“表达手段和词语只是事物的约定俗成的符号：这些词，这些表达手段因为有同义词，有等同物，因而可以由同义词、等同物来替代。”在音乐中，则相反，“乐音并不是事物的表现，而是事物本身”。

当我们把夏巴依的思想同他同时代的两位伟大的理论家卢梭和拉摩作比较时，他的现代性也更突出了。他不同意卢梭的思想，拒绝把音乐的起源同有声的语言的起源联系起来。语言符号的任意性证明了语言并不源于对自然之物和效果的模仿；语言并不是原始的。语言不同于歌，歌先于语言又不依附于语言，因此语言的起源提出了一个问题：“器乐必定在声乐之前；因为当嗓音

唱出无词的歌时，它仅仅只是一种器具而已。”倘若我们欲把歌的特性同语言的特性联系起来，那就会在声乐
97 和器乐之间造成一条鸿沟。然而，实际上并不存在称得上真正优美，而我们又不能填上词使它成为声乐的器乐曲：“倘若这是一曲很有声势的交响乐，我们就把它改编成合唱或舞曲。”瞧，贝多芬的《第九交响乐》和依莎道拉·邓肯[1]（I. Duncan）已提前出现在这番话中。

在 18 世纪，人们必须有极大勇气声称自己欣赏一首优美的歌曲而不懂得歌词，并称在舞台之外，这更优美。辅以词的乐曲的唯一长处是有利于智力平庸的半行家和音乐盲：“纯器乐使这些人的精神无着落，处于摸不透意思的忐忑不安之中（……）听众的耳朵越受过训练，越敏感（……）那他就越容易摆脱歌词，甚至当演员唱起来时。”即使在舞台上，尽管有上述这种保留：拉摩这位“交响乐式的歌剧作曲家”并不需要歌词，因为没有主题会启迪和告知听众交响音乐作曲家的想法：“人们不知道他的思绪从何处而来，动机找到后，他便一发不可收（……）这最初的思路又引发出其他思想。”在《卡斯托耳和波吕丢克斯》中，著名的转调和泰拉伊

① 邓肯（1878—1927）：美国舞蹈家，她在舞蹈上的研究与创新一反传统芭蕾舞，对现代舞蹈产生了很大影响。

尔曲子的伴奏使我产生这些相同的看法。

夏巴依确信，词对乐曲产生不了任何影响，他同卢梭的看法相反。卢梭否认法语具有任何音乐性，而确认意大利音乐的优越性，因为它有悦耳的语言相辅助。夏巴依对卢梭作品本身作了批驳，还对一位他仅告知姓氏——歇洛克（Sherlok）的作者对这种观点的发挥加以驳斥（即马丁·歇洛克所著《一位英国游客的最新来信》，伦敦和巴黎，1780年出版，信件26，162页；我并不确信作品出自他之手）。夏巴依不仅把法语当作是一种音乐语言，尤其因为法语的发音柔软流畅，因为法语有歌曲作者可充分利用的哑音音节，还由于这种语言 98
有这样的长处：它并不规定每个音节十分确定的音长。他尤其认为，音乐相对于语言来说，它起着主宰作用："音乐根据自身所需改变着语言，能使任何一种语言变得富有音乐感。"

夏巴依对巴端观点的批驳比对卢梭的批驳更激烈，他认为，可按某种标准（首先是巴端所珍视的"语言天才"标准）在各种语言之间建立等级的想法是站不住脚的。在这问题上，夏巴依表现出惊人的现代意识："每种方言在正确地说这种语言的人和听到这种语言的人之间建立起一种同样迅速、明白和容易的思想交流（……）每种正确的思想属于所有的方言，每种方言都具有表白正确思想的明确手段。”同样，在谈到音乐性时，他说：“没有人能（……）给言语音调的和谐规定不变的普遍适用的原则。每种语言都有自己的原则。”由此产生“爱好、看法的无规则性，我觉得只有依据对这种方言和那种方言所确定的俗成才能对此作出解释：这些俗成形成同样多的偏见，这些偏见影响着我们的感觉，并改变着我们的感觉，虽然我们并没承认这一点。先入为主的看法使我们的感觉产生幻觉”。

夏巴依对拉摩的感情是多种多样的。他们之间的关系似乎不错，但是，若说夏巴依曾为拉摩致过悼词，其中却是有保留之处的，这从《关于卡斯托耳歌剧音乐》的文章和他的著作中可看出来。事实上，他同拉摩保持着距离，正如同卢梭一样。同卢梭保持距离是因为夏巴依认为器乐优先于声学。同拉摩保持距离是因为他称旋律比和音更重要：无歌声的和弦对听觉无多少意义；而无和弦的歌声尚可使听觉满足。我们所欣赏的任何一部音乐作品（即使是器乐性的）都从属于旋律，因此，如果把这部作品同另一部对立起来那就错了。卢梭指责“俗美，它除了克服疑难之外，几乎别无长处。他们（指他的对手们）似在设想某种巧妙的音乐（……）赋格曲，模仿曲，具有双重意图，而不是优美的音乐”。
99 对此，夏巴依同拉摩等人联手反驳道：“众人听说的巧妙的音乐，这些词通常作何理解？（……）人们指责某种自己不喜欢（或是不愿意喜欢的）的音乐，而为了安抚作者（……），却给他毫无意义的颂词作令人沮丧的补偿。”

夏巴侬承认，全亏了拉摩，音乐向前迈了一大步，但在拉摩之后，音乐艺术又发生了新的变化。吕利[①]（Lulli）音乐的“支流”分成两支：一支是“深，宽广，辽阔”的，即拉摩的作品（相反，卢梭曾希望使音乐起伏波动，达到吕利那种程度）；另一支“由外来之水拓宽壮大，即后来有的音乐”。这番预言性言论发表在格鲁克到巴黎前 10 年。

但是，夏巴侬所赞赏拉摩作品中的东西同拉摩所表现出来的雄心并无什么关系。拉摩之伟大首先是由于他对旋律的想象力：“在他身上，造成天才的东西，正是他歌曲的崭新特色，是这些歌曲的令人惊叹的多样性。拉摩是旋律的创始人。在和音方面，除了一位深邃理论家的动机之外，他很少有，并且不太可能有其他的动机。”而且，不应对这理论家角色过分重视。和音的优美是“局限的、陈旧的和令人生腻的”；和音之美往往

① 吕利（1627—1687）：原籍意大利，一生大部分时间在法国度过。作曲家、小提琴演奏家。法国歌剧创始人，创作十余部抒情悲剧作品及芭蕾舞曲等，还有宗教音乐。

转化为"普遍而强烈感受到的音乐效果"。尤其是，和音并无固定不变的和确定的规律。甚至卢梭，他对和音深信不疑并自称发现和音，也即刻补充道："例外的情况几乎同规则一样常见"。

100 夏巴侬接着说道，因为艺术从来就不源于理论思考；它超前于理论思考并为其提供素材："任意进行创作的艺术家所尝试的某种巧妙的独创，变成进行推理的**理论家**一盏新的明灯"。在《悼念拉摩先生》中有上面这些话……在《论音乐》等文章中，夏巴侬强调这一点：创作者并没意识到自己所发现的规律；还有"哲学思想运用到美术中只能起次要作用"。艺术有自身的逻辑，但"这种逻辑如此不同于平静安稳精神的逻辑，以至后者无法用来使人推断出前一种逻辑"。

和音一旦从拉摩给它安置的台座上撤下来，我们就更清楚它同旋律所保持的关系。和音是旋律的函数："每首歌曲都包含着和谐的低音。一系列的和弦造成千百首悦耳的歌。"这条规则是无例外的，即使在美洲的
101 野蛮人和非洲人中也是如此，这些人的歌曲自身包含着"它们的创作所不曾料到的和声部分"。那么，旋律与和音之间的不同究竟何在？旋律应当是一系列只能有一种编排的乐音；而在和音中，可看到旋律能采用的乐音的储备和宝库："这是旋律提取乐音的宝藏，是为旋律保

存后助的库存。”两者的区别同现代语言学家在意群段与词形变化整体之间所作的区别是一致的。夏巴侬归纳道：“连续性，即旋律；同时性，即和音。”他超前并准确地用同样的词汇提出了这种关系——它对后来索绪尔在“连续性轴”和“同时性轴”之间作的语言的分析具有根本性意义。

16

夏巴侬从对音乐的思考中发现音乐具有同结构语言 *102*
学赋予语言的那些相同的特性。然而，在这两个领域之间夏巴侬并没察觉到相似性。当他在他那本名著中，从音乐论及到语言时，他称自己不会单纯地自我封闭在语言可能同音乐有共同之处这一点上。这是起码的，因为他后来致力于强调它们的不同之处，最主要的相异是“歌曲只许可听觉和计算能估量的音程；言语的音程既无法估量也不能计算”。

克服这种障碍是结构语言学的范畴，结构语言学指出，从形式上看，在由各不同因素构成的音素与音乐和弦之间存在着相似处。而且，夏巴侬似乎也模糊地察觉到语言自身也有某种结构：“如果说相似性的情趣，相似性的感情（这仅是模仿的感情）并不是我们本能的一
部分的话，那么各种语言只是一堆杂乱的词汇和表述， *103*

毫无次序，毫无规则，毫无联系。这时，要掌握一门语言，即使是记忆力超人也几乎不够用。”人的记忆力能掌握语言，是因为记忆力在语言的结构中把握着一些不变的关系；狄德罗在设法解决绘画中的时间统一问题时也曾模糊地触及到这一想法。

夏巴依在他的《论语言》那本书（其中可看到那篇同卢梭观点相对立的“试论语言起源”）的第二部分第三章中，显示出他的想法的连贯性，他摒弃了语言的演进可从外部影响，尤其由气候来作出解释的观点。在希腊和罗马，气候并不曾发生变化，而那里的“神灵已将自己的馈赠转移到了高卢人、比克特人①和日耳曼人那里，罗马人一直认为由于他们赖以生息之地本身的性质，这些人注定是野蛮人”。说话器官的灵活性并非是气候所造成的，而正是最不灵活的器官为省劲才会寻求最柔软、最容易的发音，例如把 r 变成 l②。马赛人的气候条件良好，但他们发小舌颤音依然沉浊而生硬。尽管俄国气候酷冷，但俄语仍是欧洲最柔和的语言之一。

这一切都是对卢梭合乎情理的反驳，在更广的意义上是对自然主义——18 世纪哲学思想的瑕疵——的反

① 古代苏格兰人。

② 在法语中 r 是小舌颤音，发音不如 l 容易。

驳。夏巴侬对发音的语言和它提出的问题所持的看法远比以卢梭为首的同代人正确。由于各种语言都有相同的功能，我们不可能把某个特殊的天才赋予每种语言（夏巴侬在此指巴端）。某种语言自身的特点取决于使用这种语言的历史境况。一些风趣的人便写道："这时，思想积极开动起来了。各种想法调动起来，在语言材料库里漫游；它们把整个库藏都翻动一遍从中寻找合适的词。"或是，依据某种更远的类同，这些想法又同其他 *104*
想法结合起来，并赋予它们以新的意义。人类的精神在使其产品更完美的过程中，也把语言变成一种更巧妙的工具。我们不能得出结论说语言本身变得更完善。夏巴侬根本不认为马莱尔伯[①]（Malherbe）和盖茨·德·巴尔扎克[②]（G. de Balzac）发现了"我们语言的真正精髓"，他怀念的是龙沙[③]（Ronsard）、阿米奥[④]（Amyot）

---

① 马莱尔伯（1555—1628）：法国诗人。他的理论著作比诗作有更大影响，主张清晰简朴的文章，为古典主义开辟了道路。

② 盖茨·德·巴尔扎克（1597—1654）：法国作家，为法国古典主义散文作出贡献。

③ 龙沙（1524—1585）：法国宫廷诗人，"七星诗社"成员之一。他的诗作受到马莱尔伯的批评。

④ 阿米奥（1513—1593）：法国人文主义者，曾任查理第九的家庭教师。他是16世纪法国散文的创始人之一。

和蒙田①（Montaigne）的语言。对龙沙作品可作批评之处，是他的艺术理论部分，而不是他的语言。我们应当谨防把作品的谬误和优点归于写成作品的语言。

但是，倘若说在语言中寻求和谐首先要求某种智性行为的话，在音乐上则相反：首先是为了听觉，然后才是旨在满足精神的模仿。夏巴侬从这种对立中发现了深刻的根源。

他认为，语言表现出两种矛盾的方面。人人都会说话，这是天生的和普遍的功能，语言必定是约定俗成的，这既由于语言的多种性又因为语言符号的任意性——它使属于不同族的各种语言彼此互不相通。

反之，音乐完全从属于感觉，本身并无意义，因为音乐中并无词语。音乐是四海皆通的语言，其原则源于人的结构（夏巴侬又说，乃至动物的结构，他拉提琴做试验使他确信蜘蛛和“某些生活在淤泥中的小鱼”对小提琴声也有感觉）。既然音乐是以乐音之间的真正而自
105 然的关系为基础，在音乐中，并无也不可能有任何约定俗成的东西。旋律除了很小的差别之外，必然会有相同的根基，相同的基础：人们不可能懂得所有的语言，但是每个人都会感知任何一种音乐；欧洲人会感知亚洲

① 蒙田（1533—1592）：法国作家。主要作品有《随笔》。

的，甚至非洲和美洲的音乐。

关于美洲，夏巴依似乎有一位名叫马林的法国军官曾给他提供情况，他说，这位军官曾在野蛮人中生活过很久，他给夏巴依唱了他所记得的野蛮人的曲调。夏巴依尝试着用小提琴以不同方式来再现这些曲子，直至马林认出——或是说以为认出——他过去所听到的东西为止。几年以前，贝西·约拉（B. Jolas）夫人曾用相同方法在钢琴上弹奏各种各样可能再现我粗陋地记下的纳比克瓦拉人和杜比·卡瓦依布人[①]的音乐乐谱。我当时记住了那些在我记忆中引起较为准确共鸣的曲调（这些乐谱要在一本集体著作里发表；这本书的出版商把谱子丢失在出租车上了，至今我仍对他耿耿于怀）。然而，我还是估量到了这种作法的脆弱性（再说，我不会像马林那样唱出我以为还记得的东西；我定就地记谱的）；但是，夏巴依似乎并不怀疑为他提供情况的人，他给夏巴依唱起欧洲人耳朵所听到的被曲解的印第安人歌曲，就像按他改编的谱子唱出的。卢梭的洞察力更为敏锐，谈到他所引述的外来音乐改编时说，这些改编的乐谱“使一些人赞叹我们乐理规则的优越性和普遍性，也许使另一些人对向我传播这些曲调人的智能和

---

① 南美部落。

忠实性产生怀疑”。

但是，夏巴依并不在音乐——自然而普遍的语言（因为各民族都有音乐）和各种音乐，即与他所称相反，同语言那样各不相同的各种音乐之间作区分，然而这种区分同他在各种语言之间所作的区分是类似的。他认为，乐音就像颜色和味一样使人产生愉快的感觉。这种比较是站不住脚的。因为，倘若在自然中有颜色和味，却并无乐音，只有声音。乐音的艺术完全源于文化。
106 （夏巴依始终保持一贯想法，他相反在音乐中发现了一种对人来说如此自然的语言，以至“我们从这种角度出发可不把它叫作艺术”。）把一些毫无根据的说法当作试验素材的癖好是18世纪哲学思想的陋习。夏巴依未能幸免，他称鸟类叫声不是相互之间的交流，而仅是在美好的季节表达自己的欢乐。

我曾在《神话学：生食和熟食》中谈论过鸟儿的叫声。为不脱离18世纪范围，我在此仅引证马蒙代尔在《百科全书》中《自由艺术》一文的观点。音乐，这是一种把乐音汇聚并组合在转调和和弦体系内的艺术，它显示出同鸟叫或人说话口音的某种近似性，在他看来这是一种可笑的见解：“每种感觉都有自己的纯物质的乐趣，如味觉和嗅觉；耳朵尤其有自身的物质趣味；耳朵似乎对这些乐趣尤为敏感，这是因为在自然之中这些趣味更为少有。同我们通过视觉所感受到的千种快感相比，听觉也许不会给我们带来一种快感（……）世上的一切似乎都专门为我们的双眼而存在。因此，在一切艺术之中，最具实力同自然相媲美的艺术是和弦和歌的艺术。”

在此，马蒙代尔似乎在逐字逐句地反驳着夏巴侬。 107
他的文章发表在1776年出版的《百科全书补遗》第一卷上。倘若他在1772年之后写这篇文章的话，他也许会得知夏巴侬那部著作的初版。在马蒙代尔的《回忆录》中我并没见到他提到夏巴侬的名字。反之，莫尔雷修士的名字则常常出现，因为他们俩是多年的挚友（马蒙代尔在晚年娶了莫尔雷的年轻的侄女为妻；他同他妻子一家人生活在一起）。因此，人们可能会十分想在这篇文章里发现不同的观点，甚至是十分激烈争执的反响，马蒙代尔在他的《回忆录》中提到了这一切，尽管他们之间彼此相互器重和怀有深情，但是不同的观点和激烈的争执使马蒙代尔同莫尔雷对立起来。

17

夏巴侬是一位极深思熟虑的人，他不会不察觉到音乐的纯自然主义观念的弱点。他的《悼念拉摩先生》一
文使这种观念有所缓和：音乐，作为世界的语言不同于 108

方言。这些不同究竟何在呢？他在那本伟大的著作中探讨在音乐和我们今日叫作民族性格的东西之间可能的关联。“确信每个民族从自然的赐予中得到自身所特有的歌曲特性（……）这为人类历史又增添了一章，至少增添了一节。倘若，我们对这种发现作进一步补充，能够通过各种明显的关系使每种歌曲特性同风尚习俗，同每个民族的特点，同它的语言和在各种艺术中的特有方式相结合的话，那又将会怎样呢？”这是从一个极端走向另一个极端。夏巴侬在这两者之间摇摆，正像我们在另一段文字中所见到的那样。倘若，黑人，中国人——他们对有形的美的看法不同于我们——来到欧洲并同我们持相同观点的话，“那么这种对美的外来的赞颂表明美是普天共有的，（除非）黑人和中国人除了改变偏见之外（别无）做他事”。文化相对主义自普遍价值的存在出现疑问之时起便露了马脚。夏巴侬不满足把这种相对主义扩展到音乐（至少作这样的假设），他甚至设想某种相似性的关系可能存在于每个民族的音乐、绘画、诗歌、语言之间。但是，他头脑中马上就出现了种种不同观点。

109 事实上，在每个社会中，各种艺术并不以相同节拍发生演进。在路易十四时代[①]，诗歌、绘画和雄辩术发

① 路易十四，法国国王，1643—1715 年在位。

出了耀眼的光彩，而音乐几乎没有走出黑暗。这种落后状况尤为显著是因为“音乐在其渊源上早于其他一切艺术，但却只有在其他艺术之后才得以完善”。只有做人种志的调查才有可能消除疑问，而能把这项艰难工作搞好的人会给哲学家展示一幅崭新而有趣的画面；但是，他必须做完环球的音乐旅行。黄金海岸的黑人唱的歌忧郁、拖沓；安哥拉黑人的歌声活泼轻快；美洲野蛮人的歌则是安详平静。西班牙舞蹈凝重、庄严；波兰舞节奏感强并显得自豪；英国舞的特点是动作敏捷；德国舞热情奔放而激烈；法国舞快活、优美、端庄。但是，没有意大利舞蹈。

然而，旅行者说黄金海岸的黑人和安哥拉的黑人的不同之处在于气质和风俗习惯。“为什么不能多举出一些类似的例子？（有了音乐）自然本会赋予人类一种表露他们特性秘密的语言。”但是，我们也见到一些音乐和行为不一致的情况：例如，优美平静的歌声给美洲印
第安人吃人肉的欢宴做伴。音乐和风俗习惯之间的相似 110
性在西班牙得到了证实，在英国却没有……对此，我们能信任到何种程度？也许，相似性存在于某些表面的特征中，而不是在深刻的特征中？

总之，相似性不太可能存在于欧洲。在欧洲，美术，兴趣爱好，思想智慧和学问在各民族中流通着。各

种发明创造，原理定律，方式方法在整个欧洲大陆互相传播。艺术的这种自由交流使欧洲各民族失去了自身本土的特征（重点号为夏巴侬所加）。在音乐上，除了某些演奏上的差异之外，这尤为真切。要证实这些演奏上的差异源于民族的特性，还应在每个民族的其他一切艺术中寻求其相似特性。

这些论述再次把在夏巴侬看来具有根本性区别的音乐与发声语言的不同放在首位，但是这些论述又开辟了同论述者在开头向人们展示的视野极不相同的前提。他说，雄辩术、诗歌、戏剧，同各民族的风俗、特性、习惯、政体有着直接而必然的联系。由于这些艺术是“精神的产物并使用言语”，因此它们密切地依赖于历史的地区的境遇。音乐既不描绘人也不描述事物，它并无同样的依附性：在罗马、伦敦、马德里，我们听到相同的音乐。但是，这又如何解释内在的各种矛盾呢？德国人“擅长于急迫和暴烈的旋律，却又是如此温和、欢乐、敏感的诗人（……）80 年以前意大利人唱歌同法国人一样，他们是否具有我们民族的风俗呢”？

作者在这部作品开头所宣称的音乐的世界性，在人类，乃至动物所共有的情感性中找到了根据。这种世界性回到欧洲范围之内，它更多的是源于历史、文化和社
111 会条件的整体。即使如此，我们并不能肯定，从感觉中

取得的对音乐的兴趣体现着在各民族之间的某种和谐，因为即使在同一个民族内部，有时，艺术与民族气质也会发生冲撞，夏巴侬承认："我担心，最开明的哲学也难以阐释这一些秘密。"

鉴于上述情况，我们完全可以得出结论说，一方面"一个民族最熟悉的歌曲的特性并非是该民族特性及其天赋的某种确实标志"；另一方面，"在言语的艺术——思想是这类艺术的首任判断——和隶属于耳朵范畴的乐音艺术之间，存在着如此大的差异，一个愚昧的民族有可能是具有音乐天赋的民族，而一个思想渊博的民族可能只有肤浅的音乐"；音乐和言语之间的差距并不像人们所想象的那样不可逾越，因为在二者之间还有宣叙调。

宣叙调的问题曾困扰过夏巴侬，像他那样思想深邃的人不可能不看到它的哲学含义。"一种两栖类怪物，一半是歌，另一半是朗诵"，宣叙调是歌剧，尤其是法国歌剧的疵点。拉摩的主要错误是并不知道要铲除这个障碍物。在演奏会上并不存在这个问题，演奏的全是乐曲，而戏剧是以情景的趣味取得优势的。音乐如何才能表达情景呢？不知道。在这方面，理论并无定见，几乎不可能提供任何建议。

我们只是把"言语音调的变化同决定这种变化的感

情的默契”看作是经验的产物。我们解释不了这种默契，它构成“一种深不可测的形而上学的秘密”。各个不同民族说话的语调并不相同，有时，一个民族同另一个民族的语调形成鲜明对照。由此产生两种相对立的看
112 法：“语调的成因（……）并非是纯粹的自然机制。我也不能说语调的成因是约定俗成。其原因同不同国家的各种口音的成因一样不可知。”

歌剧以为有了宣叙调可以摆脱困境，“走样的歌（……）已去准确的节拍（……）也并非成为一般的言语”。然而，一首即使是十分成功的宣叙调，其言语倘若不为人所知的话，它也永远无法使人捉摸这些言语的意思：“宣叙调的表达方法似极为局限；往往是重复相同的东西。”必须参照言语。在音乐与言语之间，存在某些联系：“词的意思在乐音上投上了另一种光泽。”

音乐和语言之间的沟并不如先前所说的那样深不可测：在音乐中有约定，正如在言语中有天然一样。由此，在歌剧中，必需有音乐家和诗人之间的密切配合。我们每个人只说自己的母语，只听自己的母语，但应善于表达自己的艺术以补充他人的艺术。古怪的结合：“歌剧要成为两次创作的产物。”

夏巴依在《论音乐》的开场白“原初的思考”中说，他将“在音乐被剖析的框架中”来研究音乐艺术。

他说，他欲重新找回简洁的本质，透过种种附属的思想找回本初的思想。这只有在旋律中找到了对音乐所能做的最简洁的设想之后，他才将对这种思想进行补充以在整体上重建艺术。

这样，在音乐中有时就会看到某种对于所有的人来说，在一切时候所共有的语言。这无疑从音乐的框架上来说是对的。音乐的语言有一种特殊的结构，它一方面使音乐的语言同发声的语言相接近（像音素一样，乐音并无内含的意义）；另一方面又使音乐的语言远离发声的语言（音乐的语言并没有同词相应的发音层次）。到 *113*
此为止，夏巴侬的论证始终有其说服力。

但是，从这种结构的普遍性中，并不会导致音乐的语言除微小差别，无论何时何地都具有相同的内容。夏巴侬在进一步作分析的过程中，不得不往后倒退。在起初，那种包含所有音乐的理论逐渐地缩小为西方音乐的理论，而西方音乐自 18 世纪起，就脱离了其他音乐而自成一体。夏巴侬对这种现象特别地重视，他承认该现象有它特殊的历史："法国音乐为远离简朴的民间歌曲（例如古老的圣诞歌曲）而迈出的最初步子已使它背离了自己真正的道路。"我们正继续在弄清音乐和言语在形式上的区别究竟何在，但是，同语言不同，各民族的音乐在全世界各地有相似内容这一看法又回到了夏巴侬本不该将它从中提出的虚无中去了。

18

114 当我阅读夏巴侬的著作《论音乐》第二部分——这部分主要是谈歌剧——时，正逢米歇尔·莱利斯[1]（M. Leiris）的《歌剧漫谈》[2]出版，这是一部在他身后发表的集子，搜集了他的一些片断，题名是他自己定的。除了他对中国戏剧，伏都教[3]的仪式，希腊的卡拉格安兹[4]的看法——文中，体现着他的人种学观点——之外，这些随笔充满了精辟的见解。例如，有关真实主义[5]"一种从现实中仅保留了某些极端成分的自然主义"；蒙特凡尔梯[6]（Monteverdi）的表现主义；普契尼[7]（Puccini）的抒情；《佩利亚斯》中的瓦格纳风格

---

① 莱利斯：法国作家、人种学家。生于1901年，卒年不详。

② 原文（Operratique），作者的文字游戏，由"歌剧"和"巡游"两字组成。

③ 安的列斯群岛上黑人的一种宗教。

④ 木偶剧中的丑角，鸡胸驼背，尖嗓音，该词借自土耳其木偶戏同类人物。

⑤ 19世纪末意大利的一种文艺流派。

⑥ 蒙特凡尔梯（1567—1643）：意大利作曲家。

⑦ 普契尼（1858—1924）：意大利作曲家。作品有《曼侬·列斯科》、《蝴蝶夫人》，在歌剧《图兰多》中采用了中国民歌《茉莉花》。

（似乎，这是我常听勒内·莱博维茨说的话，他曾是我们俩的朋友）；有关《帕西法尔》[①] 的评论："若说舞台演出是一种仪式（如瓦格纳所设想），那么把礼仪的模仿搬上舞台则是完全不可取的"；还有对墨诺梯[②]（Menotti）的评论。

除此之外，有一些看法过分简单化而令人惶惑不解。莱利斯赞赏《道斯卡》[③] 中的迫害和折磨主题，因为这些主题又具有现实性。他指责《名歌手》[④] 中，"令人讨厌的沙文主义"，理由是汉斯·萨克[⑤]（H. Sachs）曾捍卫德国音乐精神反对外来影响（但在瓦格纳作品中出现的是一位激烈的宗教改革者，形容词 Wälsch 在他

---

① 瓦格纳作的三幕音乐剧，1877 年开始创作，因病拖延至 1882 年完成，原名为 Parsifal。

② 墨诺梯（1911—）：意大利作曲家。

③ 《道斯卡》（*Tosca*）：根据五幕悲剧改编的歌剧，由布西尼配乐。故事讲的是女歌唱家道斯卡的情人卡瓦拉道西因隐藏革命者而入狱。警察总监要挟道斯卡做他情人作为释放卡瓦拉道西的条件。道斯卡在她情人获释后刺死警察总监。但卡瓦拉道西未逃脱厄运，道斯卡投河自尽。

④ 瓦格纳作于 19 世纪 60 年代。德文原名：Die Meistersinger.

⑤ 汉斯·萨克（1494—1576）：德国诗人，新教徒。他是瓦格纳的《名歌手》中主人公之一。"名歌手"原是德国宗教社团的成员，他们为宗教仪式唱赞歌，到 14 世纪中期演变为真正的行会。汉斯·萨克在 1513 年成了一名名歌手。

看来是指所有的罗曼语民族和天主教徒；我们知道路
115 德[1]（M. Luther）为后来的音乐所带来的一切，瓦格纳为后来的音乐带来的一切：他完全有权利作这样的移植。

莱利斯的其他一些观点确实令人难以接受。他十分了解普契尼，毫无顾忌地把列昂卡瓦洛[2]（Leoncavallo）同普契尼相提并论。鉴于何种理由？列昂卡瓦洛“把这两种主题——笑声中的泪水和戏中真情——汇聚在同一部作品中”，也许显示出了天才。天才，富有天才的，这些词在两页中重复出现了三次，其中，莱利斯只谈歌剧剧本，只字不提音乐。

这是一件十分令人惊奇的事。在这些从头至尾充满魅力的文章中，作者妙笔生花，评论了 50 来个歌剧，洋溢着诗意，却没有或几乎没有谈到音乐。

在《歌剧漫谈》后几个月发表的《日记》中，莱利斯谈他在 1954 年观看《帕西法尔》的演出印象。其中，有上面提到的评论，除此之外还有两页其他的批评之词。我在《帕西法尔》中并没有比他更多地察觉到剧中

---

① 路德（1483—1546）：宗教改革家。

② 列昂卡瓦洛（1858—1919）：意大利作曲家，作品二幕歌剧《丑角》取得很大成功。

散布的迷信色彩。但是从基督教意义上说，对圣瓶[①]的歪曲并非始于昨天：可追溯到13世纪和罗伯尔·德·波隆（R. de Boron）。对于必须具备一些宗教史概念的人种学家来说，这种传统是极令人尊重的。与其对此恼怒，不如去理解这种传统，把瓦格纳所作的具有新意的改编列入自格列梯昂·德特瓦（Chrétien de Troyes）以来的各种本子中。尤其是在读莱利斯的这些文章时，似
乎在整个演出过程中，他并不没有深感到音乐的激情。 116
至于我，当我沉浸在《帕西法尔》音乐中时，我不再向自己提出问题了。

莱利斯感兴趣的是声乐水平、演员演唱的技巧、导演、布景，尤其是戏剧情节。无疑，没有一位作家对歌剧会如此注重趣闻逸事（在莱利斯文章中可看到狄德罗风格）。不管讲的是什么事——请允许我使用这说法——“他都信以为真”。

他信以为真，而我却紧跟不上。除部分剧本之外——《卡门》；四部曲的剧本，原因已在别处详述，还有《唱歌老师》剧本，这部有关杰作产生的杰作（对

---

① Saint Graal：据说曾是耶稣在最后晚餐上使用的瓶，后来用来盛钉在十字架上的耶稣的鲜血。在13世纪有许多骑士小说讲述寻找圣瓶的故事，最有名的有格列梯昂·德特瓦和罗伯尔·德·波隆，他们的作品是瓦格纳创作《帕西法尔》的素材来源。

此，莱利斯承认他“挑剔”）；《贝莱阿斯》（这是又一部莱利斯持某些保留意见的歌剧），对这部作品，我的见解与一般看法不同，我认为它并不有愧于该剧的音乐——绝大部分的剧本对我来说无所谓，我感到需要理解其歌词内容的歌剧为数甚少：我知道了故事情节，可我很快就抛置脑后了。当我再次从收音机中听《拉美莫尔的露契亚》[①] 时，我觉得，回忆剧情丝毫也不会增加由六重奏以最强音演奏的乐段所引起的颤抖，在听演唱的狂乱曲子时，激情由此而生。

我心目中的歌剧又是什么呢？一场历险。我登上一条船，这条船的航行设备运用作曲家所要求的一切乐器和声乐手段取代桅杆、帆、缆索，以完成航程，在 3 至 4 小时内演出一场大型音乐会，它丰富多彩，犹如展现出人间万象，但这是一场音乐会（夏巴依不是强调歌剧
117 “能在同一部作品中允许多种风格，多种方式（……）能属于各种时代的音乐”吗?)；这场大型音乐会能把我带到离尘世万里之外的音响世界，犹如漂泊在无际的大

---

① 原文 Lucia di Lammermor，三幕歌剧。唐尼采蒂曲。卡玛拉诺根据英国斯科特的剧本改编。故事发生在 1700 年的苏格兰，拉美莫尔的郡主要把其妹露契亚嫁给布克罗爵士，而露契亚已爱上了与自己家族有世仇的爱德加。悲剧由此而生。该歌剧所以受欢迎，是因为它综合了许多音乐表现手法，旋律丰富而优美，演唱技巧上处理得当，使音乐更动人。

洋之上。

这样，我不再去听歌剧，因为我预感到这条船将在有辱于诗词和音乐的导演和布景的重压下沉没。导演会向自己提出的唯一问题（对此，乐队指挥就够了，因为指挥至少了解并尊重作品）是弄清楚作曲家在头脑中所想象的东西，并运用我们今天所拥有的技术手段（但不可使用幻灯投影同布景混杂！歌剧是对现实的仿效），将它尽可能好地再现。1876 年，瓦格纳说自己对四部曲的上演不满意，因为当时并无能力表现他想象的东西（我小时候还看到过瓦尔基丽[①]乘着罗马式小型战车在斜面上滚动，表示“马队”行进；演出噪音很大）。同现在人们所设想和所认为的相反，瓦格纳对舞台装置有极精确的看法，他要求人们符合这种要求。他写信给《罗恩格林》[②] 的导演说：“在布景方面你同我略有分歧，例如第一幕中的河流（……）我本来更希望在城堡的大院里，阳台及从克莫纳特到宫殿的楼梯更多地展现在外（……）可使宫殿的塔楼稍向右边退一点。”关于

① Tétralogie 是瓦格纳的四部曲，其中之一是“瓦尔基丽”（Walkyrie），瓦尔基丽是北欧神话中的战争女神。

② Lohengrin，德国神话故事中的人物。瓦格纳在 1850 年根据神话创作同名歌剧。

《汤豪塞》[1] ——这场演出他没有观看——他写道："听人说《拉·桑格哈拉》在柏林取得很大的成功：可是，我不信演出按我对舞台布景的意图去做（因为我无法同意放弃露天拱廊连同楼梯和院子）。"

我觉得，若轻率地对待这样的示意正如人们冒昧地任意处理歌词或音乐一样地严重。我甚至会希望在戏剧上，古代作品始终如其作者所构思、意愿和理解的那样上演。18 世纪的一位名叫哈纳泰尔（Hannetaire）的作者，他本人也是演员，写道："我们知道，尚梅兰小姐在各种角色中是多么成功地扮演了费特尔[2]这个角色，拉辛[3]（J. Racine）曾逐句为她作示范，据说，若是有
118 符号记录，诗的朗诵本可以写下来并流传下来的。"可是古典的朗诵和布景在演员和舞台监督的任意处置之下，不幸已丢尽。要是服饰的风格和光彩，朗诵的语调由一位像扎米那样的理论者用符号记载下来，今天我们看到能乐[4]也不会如此欣喜。

---

① Tannhäuser，瓦格纳以 13 世纪德国爱情歌手的故事为题材编剧并作曲，作于 1843—1845 年之间。初演时，观众对瓦格纳的新尝试不理解，后来观众才逐渐理解并喜爱它。全剧中心思想表现宗教与情欲之间的矛盾和斗争。

② 《费特尔》(Phèdre) 拉辛写于 1677 年的五幕诗剧 。

③ 拉辛（1639—1699）：法国剧作家，17 世纪法国古典主义悲剧诗人。

④ 能乐（Lenô）：日本古典戏剧。

一些导演由于没有文化涵养或是观念错误，让瓦格纳作品中的神仙和主人公走起路来步履艰难，他们用这些角色来为当时的意识效力。这粗暴地违背了原作意图。瓦格纳开始时写过历史题材的歌剧。但他没有继续下去，因为他确信只有神话在任何时代都是真实的：历史的真实性在神话之中，而不是相反。

虽然我对散文家，对诗人深怀敬意，我觉得自己更亲近夏巴依而不是莱利斯——他对这些弊端视而不见，而夏巴依对歌剧的看法更为健康。不正是他赞扬拉摩这样的作曲家，即使是歌剧，作曲家的思想也无须由言语来表达？

在夏巴依看来，歌剧提出了一个双重性问题。这剧种在权益上是荒谬的，却取得了事实上的成功。而如果说歌剧取得了进展（他说，这种进展如此快以至他同代的歌剧作品同先前的作品已迥然不同），这并不是由于诗作之故——正如拉布吕耶[1]（La Bruyère）所希望的
那样：伟大的歌剧节目仅是初露端倪而并未诞生；只有 119
音乐变得更加完美了。

首先，夏巴依强调指出，使用音乐同悲剧并无任

① 拉布吕耶（1645—1696）：法国作家，作品有《性格论》。1693 年成为法兰西学院院士，在古今之争中支持古代派。

何不相容之处，悲剧通过道白和动作设法引起观众的恐惧和同情心。角色边唱边做动作，边说话：女人一边缝衣纺纱一边唱，工匠一边干活一边唱，等等。音乐出现在日常生活中，它也同样出现在葬礼和战争这些可怕的悲剧中。但是，歌剧的那种表面上的“莫大的荒谬性”源于那些唱歌的人正是那些厮杀和死亡或正在受难的人。

然而，在此只有更高层次的不真实性，而不真实性始终存在在戏剧中，“一垛神奇的墙，时间和空间在里面紧缩起来”，后来瓦格纳通过古尔纳芒兹之口说出同样的话，以赋予变幻的舞台一种超越的意义。而“一切产生明显效果的不真实性具有自身的合理性和优越性（……）音乐又是一种奇事，它赋予其他一切事物以真实性”。音乐使舞台演出变得更为庄重，填补了沉思中人物的静穆，通过乐队演奏的多种手段激发起强烈情感的意识（这时主题歌在交响乐中）；音乐又通过合唱来表达主角亲信们的闲言碎语，“体现一群激动的人感染旁观者的炽烈情绪”。

至于第二个问题——只有音乐变得更加完善，而不是诗句——他作了这样的说明，歌剧在其发展过程中，要求诗歌和音乐向着对方的相反方向发展。这便是吕利的歌剧剧本作者的功绩。基诺[①]（Quinault）作了创新，他使“悲剧服从于音乐”。他避免各种纠缠，“在主题中”寻找“最美妙的东西”，“在处理这些主题的方式中”寻找“简洁”。

莱利斯后来也同样说抒情戏剧以其“更多的俗套” 120
拯救了一切；他赞成霍夫曼[②]（Hoffmann）要求歌剧剧本的作者做到“观众在几乎不懂一句唱词的情况下，也能根据自己眼前发生的一切来理解剧情”（但是莱利斯稍后又说，若他不懂歌词，也许不会怀着如此激情去听“马哈高尼”的合唱）。真是有趣至极！莱利斯对瓦格纳“又长又复杂”的诗提出批评，正如夏巴侬批评伏尔泰的戏剧脚本一样：音乐本来会要作删减，因为“在抒情剧中，简洁为要”。

“凡是抒情悲剧站得住之处，它首先采用了简洁和具有神话色彩的主题（……）古人的想象力所开创的这片天地充满着假想，闪烁着快活的幻想光彩，犹如为音乐的魅力事先预备好的领域。”我可把夏巴侬的这些话（过去我并不知道）纳入对《光身人》最后乐章所体现的观点的支持，即17和18世纪的音乐把神话思想的结

① 基诺（1635—1688）：法国诗人，曾写过好几部悲剧，他曾为吕利的歌剧写脚本。

② 霍夫曼（1776—1822）：德国作家、作曲家，音乐和文学创作丰富。

构为己所用。

当然，有一些歌剧是历史题材，对此，莱利斯自问："历史题材的歌剧（……）符合资产阶级欲要进行，正在进行或已经进行的反对暴君的革命的那时代吗?"夏巴依以更简捷的方式回答了这个问题。根据梅达斯达司[1]（P. Métastase）的诗写成的乐谱令人生厌，因为他用历史取代了寓言诗，由此，"习惯上不在意大利听歌剧。"

夏巴依担心欲把歌剧限于美妙奇绝会使他的同代人反感。他本可以求助于巴端，巴端在 1746 年曾写道，在抒情剧中，"诸神施展出全部超自然伟力，他们像神仙一样行动，凡是非神妙的东西从某种意义上说就不再是真实的（……）歌剧所体现的是美妙绝伦的构思"。（拉布吕耶已批评过吕利，说他取消了机械设备。夏巴依作了相应的批评，说吕利把牧歌和平淡无奇的小曲
121 放到歌剧里。）奇景展示在眼前，就像内心的激情那样展现出来。歌剧通过第三种妙法——音乐，把这些奇观汇聚起来。后来，莱利斯说，在戏剧舞台上"场景、音乐和纯剧一齐致力于激起沉浸在其中的（……）观

① 梅达斯达司（1698—1782）：意大利诗人、剧作家，曾以音乐剧取得观众青睐。

众的情绪”。

导致歌剧产生的那种演进是符合事情发展的逻辑的。“在法国人看来，在**音乐**把抑扬的声音同悲剧结合起来之时，高乃依[1]（Corneille）和拉辛早已把悲剧推进了巅峰（……）那个时代欣赏《费特尔》和《奥拉斯》[2]（Horace），但并不反对这种创新；当时的观众相信也能为《阿尔米德》[3]倾倒。”我察觉到在夏巴依对诗悲剧发展到歌悲剧的看法和我本人试图在神话和音乐之间建起连续性的那种方式之间存在着某种相似性，而且，这几乎是用的相同的词，他说：“正当**悲剧**达到完美至极，并且在其各种组合之中疑无路而趋向衰落之时，**音乐**以新的形式极力再现悲剧。”法国文学史在较小范围内也同样体现出某种（我早已觉得是）整个西方文明史的典型现象。但是，为何夏巴依又说：“这件事至少在我们衰落之时是一种安慰？”

他对追随时尚“风度”怀着极大的警觉，并要人们 *122*
提防被现代主义弄得晕头转向。“当那种漫不经心的健忘把历时20年的音乐作品的存在抛之脑后时，您就为您的作品在不久后自我消亡画了终结号。那些迅速的、

① 高乃依（1606—1684）：法国悲剧诗人。

② 《奥拉斯》，高乃依作于1640年。

③ 《阿尔米德》：吕利所作五幕歌剧，基诺写的脚本。

接踵而来的消亡为何物？艺术正因此而一部分一部分地被毁掉并最终全部遭难。”倘若我们指责对音乐的判断主观武断，倘若相信矫作的和俗定的美的观念，那是因为每过 20 年或 30 年音乐都经历着飞速的演变：“不要将艺术沦为最现代的创作而使其萎缩、枯竭。”夏巴侬对起始的伟大尤为敏感：“艺术的开拓者们所发现的简朴的美特别真实，因为一般来说这些美是无须费力就得到的；这些简朴的美具有某种自然的真实性。”

对水手和农夫曲调拖沓的音乐，夏巴侬在他作品开头就指出：“他们唱调忧郁内心却是快活的。”同样，在歌剧喜剧院里音乐似乎无法适应滑稽诙谐的情景。音乐始终保持原样：一本正经，甚至在一些喜剧或可笑的作品中也那样。但是，音乐为喜剧服务就应引人发笑，描绘出可笑之处。音乐做不到这一点，因为（见解深刻）笑产生于在精神上引发的突然之中，音乐同笑只有间接的关系。因此，最快活的歌曲也不会使人发笑，而一曲感人的歌却会催人泪下。有可能克服这个障碍吗？在一篇有感而发的随笔中，夏巴侬曾作过设想，有必要转抄如下：

> “创造我所谈到的那种新艺术的音乐家（……）会教会演员们以不同于通常的方式来念宣叙调。音乐家用来伴随宣叙调的交响曲经过音群，以及他交

融在宣叙调里的曲调要有取乐性，这种特性表现出作曲家的特殊意图。只有具有了崭新的才华和恰如其分的礼仪感情，才可能尝试我所设想的创作。从 *123*
事这工作的艺术家要培养与他配合的诗人，培养表现他作品的演员，也许还有听歌剧的观众。但是对观众的教育不会很困难的。”

莫扎特在《后宫诱逃》、《科西》（戴丝比纳）、《魔笛》[1] 中不正是体现或将体现这一意图吗？后来不是还有罗西尼以及奥芬巴赫[2]（J. Offenbach）的作品，拉威尔则在《西班牙时钟》[3] 中把这类歌剧推向了完美的巅峰吗？

我不会把《孩子与妖术》[4] 列入其中，因为每当我听这歌剧时都无法摆脱这样的痛苦，即拉威尔上了一部智力低下、道德上站不住脚的剧本的当（在这种特例中，听众不可能把剧本撇开，歌剧剧本压抑着音乐并把音乐切割成描绘点缀）；剧本中，作者令人作呕地把自己对一名独断专横母亲的颂扬搬上舞台（“想一想，想一想做母亲的不安”），还有孩子——他虽已到了上学年

① 莫扎特的这几部歌剧具有市民特点的新体裁。

② 奥芬巴赫（1819—1880）：法国作曲家，古典轻歌剧的创始人之一。

③ 独幕歌剧，反映西班牙人日常生活。

④ 拉威尔根据法国女作家高莱特（1873—1954）的童话诗改编而成。

龄，她却叫作“宝贝”——以及脚跟前的一群傻呆动物。

拉威尔的天才在两幕的前奏，爵士乐[①]公主那场戏以及终曲美妙的合唱中犹可见到。但是，陈词滥调到处皆是；看到三件家具[②]、“算术 ”老师进场、二重唱、受伤场面，我们感到很遗憾作曲家如此顺从地听命于剧本作者。

---

① rag－time 为爵士乐初期作品，节奏明快。

② “家具”、“算术”均已人格化，成为会活动的人物，同孩子作对。

声音和颜色

19

路易·贝特朗·卡斯代尔神父（1688—1757） 127
在18世纪由于发明了眼观羽管键琴①或彩色羽管键琴而闻名，但他终究未能制造出来。卢梭、狄德罗、

---

① 羽管键琴是卡斯代尔神父在1725年发明的，这种乐器能给视觉以旋律和和弦的感觉，但这种设想并未能完全实现。狄德罗在《百科全书》中曾有与之有关的条目，表现出他对这想法的兴趣。在狄德罗的《不慎的珠宝》和《关于聋哑人的信》中，均提到或暗示这种羽管键琴。

伏尔泰公开嘲弄这种设想：颜色变幻能给视觉带来快感，就像音乐给听觉以快感那样。而像戴莱马恩[①]（G. Ph. Telemann）这样一位重要的作曲家对这想法却甚为重视。

因为，同批评他的言论相反，卡斯代尔非常明白颜色和声音在本质上的差异："声音的特性是流逝、逃逸，永远同时间系在一起，并且依附着运动（……）颜色从属于地点，它像地点那样是固定的，持久的。它在静穆中闪烁（……）"另一方面，倘若"调属于颜色就像半低半高音属于半明半暗"的话，明暗则是独立于颜色而存在的，（可用黑白来表现场景），而"这两种差异会聚在声音中，因为不可能使声音变成低音和高音而不成调"。卡斯代尔超前了神经专家的发现：视觉刺激从视网膜传到大脑皮层通过三条渠道；而光亮渠道同另两条色彩渠道是分开的（一条是红色和绿色，另一条是黄色和蓝色）。卡斯代尔在当时有充分理由说："颜色这个领域比人们设想的要更新。"他又说，他本人只"在巨大的发现中有极小一部分，是我留给未来的世纪的发现，不管无与伦比的牛顿的过分顺从的门

① 戴莱马恩（1681—1767）：德国作曲家，作品丰硕，部分受法国音乐影响，尤其在歌剧方面。

生会说些什么”。卡斯代尔不同意牛顿的观点，牛顿 128
“认为一切棱镜颜色都是原初的”，卡斯代尔完全可从神经专家们那里得到宽慰：他们告知我们为什么人类在纯颜色中除了白色和黑色之外，只能看到红色、绿色、黄色和蓝色。

但是，卡斯代尔并不是作为神经生物学家也不是作为物理学家对颜色作推理的。他是用人种学的语汇来提——这是他的巨大特色——问题的，并且从我们称之为物质文化的角度来研究问题。他所论述的颜色是“物质的、常用的和可调试的”。他说，他的光学“应是画家和染色匠的实践理论”。他也明白，对颜色的评判因各种文化而有所不同。在法国，我们喜欢黄色呈金黄色彩，“而英国人爱纯黄色，在我们看来显得不鲜艳”。人们在读到 1992 年 6 月 10 日《费加罗报》上一篇关于伊丽莎白女王二世访法的文章时，就会自然地认为卡斯代尔指出了一个不变因素，文章说，女王陛下“身着纯柠檬黄衣服，使不止一名专家感到惊讶不已”。

卡斯代尔深厚的技术知识使他得出一套惊人的理论：“黑色拥有丰富的颜色（……）有种种理由把各种颜色从黑色中释放出来。”何种理由呢？倘若说白色源于各种颜色的混合，黑色则蕴藏着诸色，在某种程度它是诸色的发生器。证明就是：“原料，它自身就是黑暗的、无生机的。”黑色铁块烧热后逐渐变成各种颜色，最后变成白色。染色工要染黑色就逐步把料子浸在三种原初色的染缸里。最后，若说黑色是一种染色，白色则不然；白色被看作缺乏黑色自身所包含的丰富性：“一
129 切从黑色中来，消没在白色中。”

当然，这过分夸张了，并且不乏矛盾之处。狄德罗不是把卡斯代尔称作“穿黑袍的婆罗门[1]半理智半疯”的吗？然而，卡斯代尔仍不乏对颜色具有锐利的感受，对颜料、表面光洁度、云纹色调使色彩造成不同差异具有敏感性。卡斯代尔提出了一种感觉品质的逻辑，在这种逻辑中，关系和对立的概念尤为突出。

卡斯代尔说，声音和颜色同几何中的无限和有限、面和线相比，并无更多的等同性、同一性和相同性。但是，在无限之间和有限之间，有着相同的特性；在面之间，在体之间，有着同线之间相同的特性。在不同的等次上，声音和颜色的特性相类似：“一切均是相对的（……）一种美好的关系使美对作比较的两成分来说成为相互的（……）使事物突出的正是对立。”卡斯代尔（他是一位数学家）把第四比例的理论运用到美术中，倘若说这种想法不那么陈旧的话，《达朗拜尔与狄德罗

① 指印度四大封建种姓制的第一种姓，僧侣。

的谈话》似乎借用了他的某些用语。

卡斯代尔如此彻底地否定了人们对黑色的既有观念而成为一名开拓者。由于他对色彩极为敏感，因而他的理论使另一种对黑色价值的否定提前出现，我指的是后来韩波在《元音》这首十四行诗中对黑色价值 130
的否定。

雅克布逊在谈到有色彩的听觉（那是一种特例，是指在心理学联觉一词所含各种意思之间的联通）时，指出："在色彩浓厚的颜色如猩红色，具有浓厚色彩的小号声响和在表示颜色的 écarlate（猩红色）一词中口腔元音（/a/）和辅音（/k/）的高度色彩意义之间的那种显而易见的关联是万分惊人的。"（我从英语翻译过来的，在"scarlet 猩红色"中是如此，在法语的 écarlate 中则更加明显。）

在多种语言中所作的许多次调查表明，音素/a/往往使人联想到红色（尤其在儿童中。色彩听觉在大部分成年人中颇为少见，或是明显不如在儿童中多，但是通过非直接方式可以发现）。举例来说，克拉维耶尔（J. Chavière）这位热心于这一现象的先驱之一曾有过出色的观察。有一艘游览船的船长对他说："我是个水手（……）我觉得在船的左舷挂一盏红灯的惯例是很自然、很合逻辑的……相反，我觉得灯火一词的构成并不好，因为灯火是红色的，但在这个词里并没有‘a’”①。韩波把“a”说成是黑色的，这似乎是语音和视觉上的污辱性的事，归因于诗人的有意挑逗，还可举出其他例子。请仔细思考下面诗句：

A，黑色的紧身上衣，沾着密密麻麻的猩红色蝇子。

瓦莱里后来在谈到贝特·莫里索②（B. Morisot）戴
131 紫罗兰花束的肖像时，也使用这个形容词“只属于马奈的黑色（……）漆黑色的发亮的位置（……）这些黑色的伟力（……）”

“Eclatantes”（发亮的）包含着音素/a/和/k/，——具有高度色彩意义的元音和辅音。《顿悟》中关于美的一段把黑色同“éclatent”③（爆裂）和“écarlates”两词（猩红色的）联系起来了（雅克布逊把“猩红色的”作为他主要的论据）：

猩红的和黑色的伤口

---

① 灯火，火，法文为 feu，在该词中并无音素/a/。

② 莫里索（1841—1895）：法国女画家，莫奈的嫂子，作品为高雅的印象派。

③ éclatent 是动词 éclater 的变位，同“éclatantes”是同根词，也有发光亮的意思。

在鲜嫩的肉上爆裂

十四行诗中写到元音 a 的诗句把这个元音写成黑色的。在“éclatantes”（发亮的）一词的记音中，红色却处在于潜在状态［“元音（……）一天我会说出你们潜在的生日”］。更明显的是，韩波在《顿悟》的上述引文中和其他地方公开地把黑色同红色相连在一起：“颠茄黑色的血”；“红紫的黑色”；“鲜红的黄金色”同“黑色的困乏”压韵[①]；“暴风雨的红妆”，“黑色的丑姑/红橙色的丑姑”；“他们脸色通红/衬在黑色天穹”；等等。

韩波阅读波德莱尔的作品，在波德莱尔的眼里，红色“这种如此黑暗，如此厚腻的颜色”同黑色极其相配：“理想的红色（……）深沉的夜色”；“黑色的夜晚，红色的黎明”；“无际的黑色的空无（……）血色的残阳”；等等。倘若不提司汤达[②]，人们也许会在浪漫派作家和他们的后人的作品中找到其他例子，因为这也许是千篇一律的描写，发黑的家具上裹着红丝绒——第二帝国时期或更早些时候沙龙的典型式样，也许这种陈设是资产阶级化的家具的翻版。

在《元音》这首十四行诗中，透过黑色而显现的红

---

① Vermeils 同 Sommeils 的韵母都为 eil。

② 指司汤达的《红与黑》。

色的语音象征主义促使我们去探究其他方面。

132 音位学家在法语中鉴别出来的 16 至 18 个元音中，韩波仅知五个[①]：即过去小学里孩子们背诵乃至挂在嘴上诵唱的识字本上的那些元音，以及哑音的“e”，韩波把它视为空白（大拉罗斯文学词典上说：“字母‘e’没有重音标记时主要在书写上用来表示元音/ə/，即‘哑音 e’”）。但是音位学家们赋予哑音“e”（又称弱化的“e”）以特殊地位。一些人认为哑音“e”不是音素；根据雅克布逊更深入的分析，这是一个零音素，一方面它同法语的其他音素相对立（它并不包含差异成分也没有持久的音响）；另一方面又同音素空缺相对立。

十四行诗似乎承认法语所特有的、在音素/a/——所有音素中最浓厚最饱满的音素——和音素/ə/，即零音素或音素空缺之间的重大对立。黑色与白色在全色范围内的对立——最大程度的对立——同音位的最大对立是一致的。在韩波的作品中，黑色与白色的对立似占主导地位，韩波由于吸大麻的缘故，他看到了“黑色的月亮，白色的月亮”（泰奥菲尔·戈梯耶带色彩的幻觉与此不同：“我听到颜色的声音。绿色、红色、蓝色、黄色的声音以不同的波长传到我的耳朵里。”）

① 五个元音指传统上的看法：/a/e/i/o/y/实际应有 16 个至 18 个元音。

因而，有可能韩波视觉的敏感性在色彩方面首先注重光亮度，或说得确切一点，这种敏感性把明与暗的对立（被看作为陈旧过时的对立）置于光亮和色调之间对立之前；这似乎在其他语言或异国文化中，尤其在新几内亚，也有类似情况；或许在梵文、古希腊文和古英语中也如此。

十四行诗的第三个元音是 i，红色的。使人惊讶的是 133
看到红色、白色和黑色组成了一个基本的三角关系，这个三角关系形象地表现出光亮的有和无（白/黑）和色调的有或无（红/白十黑）之间的双重对立，在色调有或无之中，红色——得天独厚的颜色——占据至高的地位。

红色的 i 之后，是绿色的 u，红色/绿色在颜色上的对立是最大程度的，正如黑色/白色之间超色彩的对立一样，红色与绿色的对立正是继黑白对立而来的。在语音中，i 和 u 的对立并不是如此。在前元音和后元音这条轴线上，最大程度的对立是在 i 和法语书面语用 ou 来表示的音素之间，可是，这个元音在字母发音表中并不存在。韩波作品中最为明显的对立是 i 和 u 之间的对立：u，腭音，前元音，圆唇，语音学家用音标/y/来表示，在口腔元音的三角[①]关系中，它位于其他二者之间，处

① 指元音/a/ /y/ /i/三个口腔元音，/y/的发音部位介于其他两元音之间。

于中间位置。

必须指出的是，在韩波的作品中，我们至此为止所研究的四种颜色构成一个体系，这个体系再现在十四行诗中用来称呼最先提及的四个元音：

> 从你黑色的诗歌——行吟诗人！
> 折射出白色，绿色和红色

还有：

> 孩子们在鲜花盛开的绿树林里，
> 读着红纸革封皮的书！唉，他，
> 像众多在大道上分手的白天使，
> 向山的远方走去！而她奔跑着！
> 浑身冰冷一身黑衣，在男人离去之后！

（在这两段引文中，我在颜色下面画了重点号。）

134 还剩蓝色的 o。蓝色不属于四种颜色体系，在韩波的作品中，蓝色属于两色体系，在这体系里它同黄色既有联系又对立：“蓝色和黄色的至高无上”；“蓝色的丑妇/金黄色的丑妇”；“金色星辰的泪滴自蓝色天穹落下”；“蓝色的和葵花色的罗多[1]”和“里约的金黄色，莱茵河的蓝色”；“欢唱的磷，黄色和蓝色的苏醒”和

---

① 罗多，一种摸子填格游戏。

“太阳的地衣和蓝色的鼻涕”。

神经学家指出，红色/绿色及蓝色/黄色的对立属于不同的管道。不同的神经节的细胞在反应上也各异。在十四行诗中没有黄色，因为十四行诗只计五个元音，因而第六种颜色便无其位置了。偏向于蓝色而不选黄色，也许可以这样解释，即蓝色是仅次于红色的最饱和色彩：蓝色将黄色置于次要地位。卡斯代尔早知道这一点，他把黄色“暗淡无光”同蓝色对立起来，“蓝色（……）在所有色彩中处于最高点，我认为，纯白色仅是蓝色的某个阶段而已”。也可能，黄色随着蓝色显示出自身存在（像在十四行诗的开头，红色随黑色而来），这既由于“clairon”（小号）这词的显而易见的词源（卡斯代尔说“黄色在其本质上是浅淡色①”），也因为小号的颜色，这种乐器是由黄铜制作的，而黄铜一般被称作黄色的铜。

韩波的才智也许为联觉提供了肥沃的土壤。在对十四行诗作分析时，若把每个元音在同其颜色的关系中割裂起来考虑的话，那就错了。《元音》这首诗首先并不是以形象来表现具有色彩的听觉。正如卡斯代尔所正确地理解的那样，十四行诗是以在差异中察觉到的同源性

---

① clair 形容词，与 clairon 同词源，其意为浅淡的，明亮的等。

为基础的。即使我们不排除韩波对黑色敏感有可能同卡斯代尔接近，但他的诗却并不是说 a 就像黑色（我们已看到对红色的感知是潜在的），e 就像白色，而是——这
135 完全是另一回事——说 a，最饱满的音素，和 e，最空洞的音素在法语中的对立就像黑白一样分明；而如果说韩波把 i 看作红色，把 u 看成绿色，那是因为，在韩波有限的口腔元音中，i 同 u 的对立犹如一种原生色彩同与其相对抗的色彩之间的对立。体现十四行诗结构的并不是被立即感知到的感觉器官的沟通，而是理解力无意中在感觉器官的沟通之中所建立起的各种关系。

无疑，韩波在他的诗中使用了大量色彩的名词，人们很难不产生这样的印象，即这些名词往往是他的诗的支柱。然而，这些名词是他偏爱的词库，他从中汲取养料以充实他的诗句，这一点并非无足轻重；他这样做，并不是选择随便什么颜色（也许“绿色白菜”vert-chou 是例外，这词难以解释，除非是为“橡胶”caoutchouc 和“桃花心木”acajou① 这两词顺手找的韵母；还有，必须指出，神经学家们认为，在视网膜锥层次上，黄色和蓝色端岔开，趋向灰白色和紫色）。在韩波的诗中，头脑色彩图尤为意味深长，具有功能的价值。

---

① 这三个词韵母均为 ou/u/。

对丰富的鼻腔辅音也应当多加关注。夏巴依在提到鼻腔音节时，似乎提前一个世纪描绘出十四行诗的语音结构，“这些暗涩的语音同更为响亮的音（元音！）巧妙地融合在一起，犹如阴影与实体那样构成语言的半明半暗”。若我们记得《地狱的一季》：“我发明了元音的色彩！（……）我解决了每个辅音的形式和动作”，我们就会对十四行诗的辅音体系进行探索，十四行诗中有丰富的扩散性辅音，这些辅音通过叠韵和词的相似性而更为 136
突出：

bombinent，puanteurs；ombre；candeur des vapeurs；fiers，blancs ombelles；pourpres，lèvres belles；ivresses pénitentes；vibrements divins，mers virides，paix des pâtis，paix des rides①……雅克布逊曾指出，鼻音性是同并无紧密/扩散对立特征的词相容的最好的纽带：扩散指辅音，紧密指元音。我缺乏专门知识无法更深入地作语言学方面的分析。

最后，我们还要指出，元音除了表示颜色之外，还直接或非直接地联系到声音。a 表示蝇子，bombinent，即嗡嗡叫；e 意为轻轻震荡的微声，i 表示笑声，u 表示颤动声，o 表示尖声又表示寂静。这样，我们就从一种

① 重点号在原著中是斜体字母，其余字母为正体。

连续的声音（嗡嗡叫）先是过渡到不连贯的动荡（震荡的微声），然后是定时的声音（有周期的声音，颤动声）；最后是强烈的声音（尖锐声）和寂静的交替，这交替在声响的记载中，说到底，是同黑色和红色（处在潜在状态）在开头的视觉记载中共同出现相一致的。在最后一句诗中，也一样：

——O，奥米茄，眼睛的紫光！

蓝色同红色掺和，颜色变深（卡斯代尔说“紫色是深暗的”），好像匆匆地为由黑色开始的整体画上终结；就好像 o 在声学上的模棱两可和它在视觉上趋向于紫色，造成在交错配列的形式下 a 在视觉上的模棱两可和连续的嗡鸣声在声学上的模棱两可的消失——它同 à 是结合在一起的。

137 元　音

A 黑色，E 白色，I 红色，U 绿色，
O 蓝色：元音
有一天，我会说出你们潜在的生日：
A，黑色的紧身上衣沾着密密麻麻
的猩红色蝇子
绕着令人恶心的臭气嗡嗡地鸣叫，
阴影的海湾；E，雾气和帐篷的诚直，

高傲冰山的锷，白色的国王，伞形
花的微颤；
I，紫红色，咳血，甜唇的笑
在愤怒或悔罪的陶醉之中；

U，圆圈，绿海洋的神圣颤动，
平静的牧场散布着牲口，平静的皱纹
炼金术士把它印在智者的宽额上；

O，发出古怪尖声的至高无上的军号，
人类和天使途径的休止：
——O，奥米茄，眼睛的紫光！

20

我曾在别处讲到我是在怎样的情况下认识安德列· 138
布列东[1]（A. Breton）的。那是在一艘开往马提尼克的船上。在漫长的航程中，我们讨论起艺术作品的本质问题，借以消除旅途中的烦闷和不适，起先是通过书面方式，然后是面谈。

首先是我把一份笔记交给了安德列·布列东。他作了回答，我珍藏了他的回信。很幸运，很久以后，我在

---

① 布列东（1896—1966）：法国作家，超现实主义奠基人之一。

整理旧材料时又发现了自己的笔记，也许是布列东还给我的。

下面便是这份笔记，附上安德列·布列东的未发表的文章，我十分感谢艾利莎·布列东（E. Breton）夫人和奥布·艾莱乌埃夫人同意我发表这篇文章。

139

有关艺术作品和资料关系的笔记

1941 年 3 月

写于保尔·勒梅尔船长号上并交给安德列·布列东

安·布列东在《超现实主义宣言》中，认为艺术创作是精神的绝对自发活动；这样一种活动可被视为系统训练和有条理的运用某些手法的结果；然而，艺术作品的定义——独一无二的定义——是它的完全自由的特征。似乎，安·布列东在这一点上明显地修改了他的观点（《物的超现实主义境遇》中的观点）。但是，他认为，艺术作品和资料之间的关系并不是很清晰的。如果说一切艺术作品确实都是资料的话，那么人们可认为——正如他这篇文章所作的带有根本性的阐述所包含的意思——一切资料同样也是艺术作品？若以《超现实主义宣言》的观点为依据，实际上可作出三种解释。

1. 作品的美学价值仅仅取决于作品的或多或少的自发性，因为最有价值的艺术作品（假定如此）是由创作的绝对自由所决定的。任何人，经过适当的训练都可能达到这种完全的表达自由，因而诗的创作是为所有的人敞开的。作品的资料性价值同它的美学价值是分不开的；最优秀的资料（根据其创作自发性的程度，假定为如此）也是最美的诗作；从道理上讲，若不从事实上说，最美的诗不仅能被人理解，同样也可以被任何人创作出来。人们可设想人类社会的全体成员，经过某种陶冶方法的训练，都可以是诗人。

这样一种阐述有可能会铲除至今为止以才华这 *140*
词概而言之的所有一切具有选择性的特权；若这种阐述不否认艺术创作中勤奋和劳作的作用的话，至少，它把勤奋和劳作放到了从确切意义上说的创作阶段之前的某阶段，即艰难地探索和采用各种方法激发自由思想的那个阶段。

2. 上述的阐释既然成立，人们事后却会发现，许多个人所获得的资料，若从资料的角度来看，可把它们视为同等的（即真正的和自发的精神活动的结果）；从艺术的角度来看却并非如此，它们之中有一些给人以享受，其他的却不能。由于人们依然把艺术作品确定为资料（精神活动的未经加工的产品），那就会接受二者的区别，而并不设法去解释这种区别（而且也无作解释的辩证可能性）。人们会看到作为诗人的个人的存在，而另一些人则并不是诗人，尽管他们各自创作的条件完全相同。一切艺术作品始终是一种资料，但是在这些资料中，有必要区分出是艺术作品的资料和仅是资料的资料。但由于这一类和那一类一直被视作未经加工的产品，这种区分——事后产生的——在其自身被看成是原始材料，在其本质上是无法作阐释的。艺术作品的特性得到人们公认但不可能表述出来。这种特性构成一种“秘密”。

3. 最后，第三种阐述坚持艺术创作具有不可变更的非理性和自发性特点的基本原则，同时又对作为精神活动未经加工的产品——资料和**始终**需要作第二次制作的艺术创作加以区分。然而，十分明显，这种制作不可能是理性的和批判性的作品；这种可能性应彻底排除。但是，人们会认为自发的和非理性的思想在某些条件下，在某些个人中可能会自动变成有意识的，并且真正地成为自省的，当然
141 这种自省是根据它所特有的准则来进行的，这些准则正如它们所适用的材料一样，是无法作理性分析

的。这种“非理性的觉悟”引起了对未加工素材的某些制作，它表现在根据结构的绝对要求进行挑选、选择、排除和安排。若说一切艺术作品始终是资料，那么它却超越了资料的范围，这不仅表现在未加工的素材所显示的质量上，而且还显现在第二次制作的价值上，之所以称为“第二次”，仅是相对于本初的自动性，但对于批判的、理性的思想来说，它表现出同那些自动性本身一样的不可变更性和原始性的特征。

第一种阐释同事实不符；第二种使艺术创作问题脱离理论分析；而第三种阐释似乎是唯一可能避免某些混乱的，在美学上有价值的东西和无价值的东西之间，在价值大与价值小之间，超现实主义似乎并不总是摆脱得了这些混乱。一切资料并不必然是艺术作品，而构成断裂的这一切对心理学家或超现实主义的活动分子来说也可能是有价值的，对诗人来说则不然，即使诗人是活动分子也罢。精神低能者的作品具有同洛特莱阿蒙[①]（Lautréamont）的作品同样大的资料性意义，它可能具有高超的论战

① 洛特莱阿蒙（1846—1870）：法国作家，被超现实主义者视为该流派的先驱之一。

> 效力，但洛特莱阿蒙的作品是艺术作品，而另一种
> 则不是，**必须拥有辩证手段来阐述差异**，以及阐述
> 可能性，即毕加索是一位比布拉克[1]（Braque）更
> 伟大的画家，阿波利奈尔[2]（Apollinaire）是一位
> 142 伟大诗人，而罗塞尔[3]（R. Roussel）则不是，萨尔
> 瓦多·达里[4]（S. Dali）是一位伟大的画家也是一
> 个拙劣的作家，这些看法只是举例说明而已[5]，但
> 是这种形式的看法依然是诗人和理论家的辩证法的
> 绝对必要的用语，尽管这些与众不同或相反。
>
> 由于资料和艺术作品的创作的基本条件被确认为是一致的，这些根本区别只有在把分析从制作移到产品，从作者移到作品才可能取得。

今天，重读这份笔记手稿时，我为思想的笨拙和表述的累赘感到窘迫。这不足以表示歉意。很清楚，这篇文章是一气呵成的（仅仅划掉两个词）。我本想把它完

---

① 布拉克（1882—1963）：法国画家，立体派的推动者之一，擅长画静物。

② 阿波利奈尔（1880—1918）：法国诗人及艺术批评家，为象征主义诗歌走向超现实主义开创道路。

③ 罗塞尔（1877－1933）：法国作家，超现实主义先驱之一。

④ 达里（1904— ）：西班牙画家和雕刻家，超现实主义大师之一。

⑤ 尽管这些看法是以假设的方式提出的，今天我觉得颇为天真。我在1941年的视野有幸同超现实主义者接触上了。——原书注

全忘却的。但这样做会有损于布列东作为回答而给我的那篇重要文章。若没有我这篇文章，读者会不明白他的文章的目的。

在布列东的手稿中，有十来个词或句中成分被仔细地涂掉而无法辨识，他在行间作了新的修改，还有一些补充。最后几行的修改，涂抹得很多，无法得知布列东倘若不忙于收尾，是否会在语法结构上另作选择，或者他是断然地删除句子。

安德列·布列东的答复 143

我并没有疏漏您所指出的基本矛盾：尽管我和其他一些人尽力来减小这种矛盾，矛盾却依然存在(但它并没有使我不安，也不会使我窘困，因为我知道，使超现实主义得以持续的那种前进运动的秘诀正寓于这矛盾中)。不错，我的观点自第一篇宣言发表以来已有明显地变化。在这类纲领式的文章中，不许可有任何保留、疑虑的说法，文章在本质上所具有的进犯性质排除了一切细微差别，当然，我的思想倾向于采用极生硬的，甚至简单化的表达手段，我内心对此却并不熟悉。

使您感到震惊的这个矛盾，我想，也正是加罗瓦（Caillois）曾严厉地指出的那个矛盾。我曾试图在一篇名为《美将是痉挛的》(《人身牛头》杂志第5期）文章中替自己作解释，后又放在《疯狂的爱》之首。我正逐步地向两种绝然不同的驱使在让步(为什么不呢？并不是只有我一人)：第一种驱使使我在艺术作品中去寻求享受（这是唯一正确的词，您使用了它，因为对我身上这种感情作分析，只给我提供了近乎色情的因素)；第二种驱使表现在独立于或不独立于第一种驱使中，它使我根据对知识的一般所需来作阐释。这两种驱使，我在纸上作区分，实际上并不总能区别得开（在《地狱一季》中的好几段中往往混淆)。

不用说，如果说一切艺术作品都可以从资料的角度来看待，反之却并不能站得住。

逐点研究了您的三种阐释，我可以毫不犹豫地
144 对您说，我觉得只能赞同最后一种阐释。对于前两条，还要说几句。

1. 我并不能肯定，作品的美学价值取决于它的或多或少的自发性。过去我更为看重作品的真实性而不是它的美，1924年所作的定义可以为证：“听从于思想……除了对美学的和道德的关注之外。”您不会不注意到，若省略了句子的这最后成分，就会剥夺自然而成的文章的作者一部分自由。应当开

始时就使他免受这一类的评判，倘若想避免让他*一开始*就受约束并随之继续下去的话。可惜，这并没完全得以避免（最小程度地把自然而成的文章当诗处理：我在致洛朗·德·勒纳维尔（R. de Reneville）的信中曾为之叹惜，该信发表在《天明》中，但是很容易考虑到这种担心并把有关作品抽象化）。

2. 在可得到的各式各样的自发文章中存在着非常大的质的差别，对此，我不像您那样肯定。我一直觉得，能够介入的*主要的*平庸因素是源于许多人处在无法使自己置身在对经验来说是必要的条件之中。他们满足于记录不连贯的言论，那样东拉西扯的话，怪念头使他们产生不切实际的想法，但从一些很容易察觉出来的迹象中，人们可看到他们并没有真正地“投入水中”，这就足以排除他们的所谓作证。——如果我说我并不像您那样肯定，这主要是因为我不知道*自身*（对所有的人都适用）在人之 145
间是如何分配的（平等地，或是，若不平等地分配，又在何种程度上?）。只有系统的调查，*并暂时把艺术家置于一边*，才可能在这问题上有所获。我对将超现实主义的作品划分等级并不太感兴趣（同阿拉贡相反，他过去曾说：“如果您以纯超现实主义手法写令人凄伤的蠢事，这将是令人凄伤的蠢事”)；正如我已经说过的，对浪漫派或象征派的作品划分等级我也持同样看法。我对象征派作品的分类同现时流行的分类迥然有别，尤其是，我对这些分类持异议，它们使我们无视这些运动的深刻的历史性意义。

3. 艺术作品始终要求这种第二次制作吗？是的，当然如此，只不过是在您所理解的极广的意义上：“非理性的觉悟”，还有，这种制作是在何种意识层次上进行的？总之，我们可能只处在先意识中。处于激昂状态的海伦·斯密特（H. Smith）的创作能被看作艺术作品吗？倘若人们能说明韩波的某些诗纯粹是白日梦幻，您会觉得它们索然无趣
146 吗？您会把它们当作“资料”存放吗？我仍然觉得鉴别是专断的。当您把诗人阿波利奈尔和非诗人罗塞尔对立，或把画家达里同作家达里对立时，这种区分在我看来成了似是而非的了。您能肯定这些看法中的第一条不太因袭传统，过分重视“诗的陈旧观点”吗？我并不把达里看作伟大的“画家”，这样说的理由是十分充分的，即他的技巧明显是倒退的。在他身上，真正使我感兴趣的是人，及他对世界的诗意的阐释。对您的结论，我不能苟同（这一点，您已经知道）。另外一些更强烈的理由使我不

能接受他。这些理由，我需强调，属于实践性质的(附和历史唯物主义)。减轻心理责任对于取得一切所依附的原初态来说是必要的，但是心理和道德责任却不止于此：具有意识的我，同其固化（词不达意）的整体之间的同一性，固化的整体被视为具有意识的我在那里创造、再创造的舞台，乐趣原则和现实原则综合的倾向（请原谅，在这个问题上，仍旧停留在我思考的边缘)；不惜代价做到极度艺术行为和作品之间的一致：反瓦莱里主义。

21

在《光身人》收尾时，我想着《论人种的不平等》 *147*
伟大的结束语。高比诺[1]（J. A. Gobineau）在书中提到人类不可避免地行将消亡：这种结局不容置疑，因为“科学在向我们表明人之初的同时，似乎一直要我们相信我们将会完结”；继之而来的是“充满死亡的岁月，地球变得鸦雀无声，将继续，但已经没有我们了，在空间不动声色地划下它的轨迹”。

这段文字的口气及“不动声色”这修饰词已深深地

---

① 高比诺（1816—1882)：法国外交官、作家，《论人种的不平等》一书对日耳曼种族主义理论家产生过影响。

印在我记忆中。我从中得到了启迪。但是，同时，另一个修饰词，它并不出自高比诺的作品，却以异乎寻常力量迫使我接受："被废除的"，用来修饰某个见证。

我曾觉得这词用得不合适。废除是政权的一种行为。废除一条法律、法则；不可废除某个见证：宣布见证无效，对见证发生争议，提出疑义，宣告它无价值……然而，我必须使用的正是"被废除的"这个词。

只是在数年之后，我已忘了在何种场合中，当我又重读了高比诺的这段文字时，我才察觉到这个古怪现象
148 的道理。当我仿效高比诺时——确实，还差之甚远，也许难以察觉出来——我记住了"不动声色"，用以修饰"轨迹面"（orbe），但我对后一个词并不满意，担心在我的文章中引入一个做作的音韵，有些过时的词。

然而，"orbe"这词，虽被弃置一边，却并不听任摆布。通过某种类似在神话中所看到的微型变幻，这个词的声音的品格在颠倒后又重新再现在我笔下："abrogé"（"被废除的"）中包含着 b，r，o，而不是 o，r，b。这种语言错误的理由（我过去并未能摆脱），一经发觉，我立即觉得它是显而易见的，因为它阐明了文学创作的一种技巧。当用词不当有了自己的逻辑，不同于它产生于其中的话语逻辑时，那就不再是用词不当了。它会被看成是语言的新奇用法，它使表述具有尖锐

性。这个词背离了原意后，取得了一种作者早先并不曾想要的不寻常的意义。作者看到了这种意义，而并不曾意识到语义的这种发明在于深思熟虑的思想在过去丝毫没考虑过的原因。

观赏艺术作品

22

151 在造型艺术历史上，现实主义是否出现在习俗之前或是相反？在 20 世纪初，这问题曾是热门话题。包阿[①]（Boas）认为，这是一个虚假的问题："因为这两种倾向始终在我们之中发挥作用，更为可信的是，承认这二者始终存在，这两种观点中，无论哪一种都不反映装饰艺

① 包阿（1858—1942）：美国人种学家，他把统计方法引入人种学并研究了印第安语言的结构。

术的历史性发展。”说得不错。包阿在那篇有关阿拉斯加的爱斯基摩人的针盒的研究中，连篇累牍地赘述近代雕刻家乐于从现实主义意义上去改变习俗的形式，而这种形式在史前时代自白令海峡到格陵兰已得到了确认，他同时却回避了这种习俗形式起源的“十分朦胧的”问题，对这种形式，人们无法找到任何技巧和实用性的理由，但它却——犹似美洲西北部地区的艺术——展现刻板的动物形象，以至这种形式变得难以辨识。读到包阿的这番论述，人们同样感到茫然。

在包阿所指出的虚假问题背后，还掩盖着另一个问题。没有文字的民族的艺术不仅仅联系到自然或习俗，或是同时联系到这二者。这种艺术也联系到超自然。我们不再正面去理解超自然，而是用习俗的象征物，或用经过美化的人物去取代它。不管在美拉尼西亚岛上，在美洲西北部沿海地区，还是在别处，习俗的表现占着一定地位，但它们取代不了经验。习俗的表现提供某种基本原理，人们自觉或不自觉地用这种基本原理来贯彻各种规则以表现曾经历过的现实。

加利福尼亚的印第安人温多族，他们的语言区分经 *152*
历的真实事情和各种信仰。然而，人们对超自然的表达总是通过经历的基本原理。他们的语言把属于自然因果关系的现象和事件列入非人或非直接认识的现象和事件的行列。

大平原上的印第安人奥克拉拉族，有一个神话故事，主人公是个年轻姑娘，她完美无缺，因为她来自冥世。她善于制皮革，把皮革变得白而柔软；然后她用皮革制成很好的衣服，并配上优美的饰物。每种饰物都有一种意义：在鹿皮鞋的两侧装饰着山脉花样，穿鞋人就能来往于山峰之间而无须下到山沟去；在鞋面上，饰上蜻蜓，穿鞋人就可以免灾；在腿套上，饰上狼的足印，走路就从不会累；在衣着上，装饰梯庇斯部落的圆圈，穿衣人就到处可找到栖身之处。

当我们懂得苏人①的艺术时，就会知道，这些图案（往往是几何图形），离实物有多远（以至提供资料的人各有各的解释）。然而，这些图案表现的现实被认为高于共同经验的现实。

在某种意义上，人们可说包阿所研究的问题对音乐
153 来说也一样。民间音乐属于那种称为智慧的音乐就像装潢艺术属于表现性艺术一样。在前一种情况中，同样可同支撑物联系起来。音乐支撑着舞蹈就像艺术作品的陪衬一样；都通过简单成分的组合和重复的方式来进行：段、迭句、动机的循环；内容的同样贫乏，空洞刻板的

---

① 北美印第安人部族。

形式占主要地位；两者都有无根据性。

民间音乐早于智慧音乐。由于相信相似性，人们也许会认为装饰艺术也是最早出现的。然而相似性却是站不住脚的，事实是音乐不同于造型艺术，音乐的发展需要某种符号系统，也就是文字，它在构思和演奏之间起着中介作用。音乐必然同口头的传统决断而成为书面的东西，才能使自己具有表现力（并不是表现他物，而是它自身；康德不喜欢音乐；他把音乐列入美育的最后行列，他对音乐的诸多不满中有一条，即打扰他人。然而，音乐作品也符合他对艺术的定义，即无目的的合目的性）。

尚无书面文字时，口头表达产生了伟大的作品，起初，仅靠记忆流传：荷马诗歌、武功歌、神话。为什么音乐必须有文字，甚至是自己特有的文字？无疑是因为口头文学是适合于言语这种一般用途的工具，而音乐具有适合于自身的言语，然而又不完全如此，原因是音乐 *154*
言语的连续性和所有符号系统内在的不连贯性所造成的。

人们可以从两种意义上来讲“原始的”艺术。或是由于缺乏才干或技巧，使艺术家无法实现自己确定的目标——模仿模特儿——艺术家只能表达其意；其中，我们叫作“朴实的”艺术就是这种情况。或是，由于艺术家头脑中的模特儿是超自然的，因此从本质上讲是无法用敏感手段来表现的：由于客体的过度而不再是主体的欠缺，艺术同样只能表达其意。没有文字的民间艺术以各种不同的方式体现了后一种情况。

而所谓智慧音乐兼有这两个方面。在我们所处的现代社会，在其他高雅文化的不同时期，这种音乐摆脱束缚并取得了相对于民间音乐而言的自主，民间音乐同其他活动形式有着联系，并有助于结构的形成而不构成结构。但是，与此同时，智慧音乐从属于某些制约却变得更为明显，这些制约同“原始的”艺术，或是说“原始人”的艺术所受到的制约是同样性质的。鉴于所追求的目标，手段之不足源于这二者之间的差距，即从古代延用下来的不连贯符号所构成的书写体系和几个世纪以来，任何一种欲试行的改造都没能对这体系进行修补：
155 乐谱表示音乐，但却不表现音乐。乐器，为体现作曲者的意图起中介作用，如同机械一样，它也是从古代流传下来，在时光推移中变得复杂起来，但并没有完全克服一系列具体问题，如制造、音响，材料抗力、温度、湿度，演奏者不管多么灵巧，从来只能从事创作——这词的模棱两可具有启示性。

这一切构成一个方面。另一个方面并不再是音乐的历史状态所固有的，而是从总体上来说这种艺术所固有的。音乐不同于发声的语言，它并没有包含着感觉经验素材的词汇。由此，音乐所参照的领域不属形象的展示，鉴于这个原因，这个领域拥有超自然的实在：它是由在自然界中并不存在的乐音和和弦构成的，古人把它同神密切地联系在一起。

不管这一切看来多么荒谬，音乐的这些特点以及它迟于其他艺术取得自主，这说明音乐对我们来说依然是一种“原始的”艺术。超现实主义者过去几乎全都不予理睬。其理由不正在于：在这种同他们所热爱的艺术同样原始的艺术中，在同这种艺术总体上相关的方面，超现实主义者并不曾察觉到任何足以反对的东西，正如他们在绘画和诗歌中所能做的那样吗？对手的缺陷使超现实主义者不知所措。

在艺术史上，往往有这种现象，在某些阶段或某些领域中，在技术才能和灵巧发展的同时，美学质量却下降了。自古埃及直至现代社会，这类例子不胜枚举。或者，艺术和手艺的完美同步向前，如在安格尔的作品中。但这是由于安格尔（我总是引用这个典型例子）有
意识地拒绝（德拉克洛瓦曾批评他缺乏纯真）当时人们 156
视为技术进步的东西：半明半暗，隆起（或是回到当时称为“哥特式”的手法，即“在明中隆起”的手法）。他本人却自鸣得意地利用“14 和 15 世纪流派（……）

采用比他们（他的诋毁者们）所能察觉到的更多的倾斜度”。由此，人们曾指责他仿古，正如指责普森那样。

在包阿对无文字的民族的艺术所作的开拓性思考中，有许多问题使他非常费心。可举这个例子：一只汤姆逊印第安人（不列颠哥伦比亚）的护腿套，上面饰有皮流苏，一些流苏保持皮子原样，另一些饰着一串串骨头珠子和玻璃珠子，两种珠子以两种不同方式相互交替着安排，在整体上又同无珠流苏相交替。包阿发现，戴着护腿套时，不管是在走动中或停息中，流苏全都相混杂。装饰流苏的妇女并不曾寻求视觉效果。她所作的计算，在制作中她精心地按这些数来安排，只是出于劳作的乐趣。装饰的节奏（衣着的美由此而来），同跳舞时脚步的节奏，同从事某个技术活动时重复的手势的节奏是相同性质的；说得更一般些，同习惯性动作的有规则的节奏是相同性质的（如走路时双臂的摆动）。

在包阿看来（狄德罗早已这么看），规则性、对称性、节奏，是一切美学活动的基础。但包阿的形式主义不承认这种对形态或身体约束的直接或间接的模仿源于激情，或是不认为这种模仿传递某种信息。包阿当然有理由摈弃艺术批评往往采用的带感情色彩或哲学味的用词。但是，令人不解的是他的形式主义在动作和手势中寻求自然主义和经验主义的根据。正像人们过去谈到格列特利[①]（Grétry）的和声中的高音部和低音部时所说的那样，在两极端中可开进四轮马车。

只要注意一下包阿对秘鲁的织品和其他类别的服装或珠宝中的图案和色彩分布所作的详细分析，便可看到装饰节奏的真实性质。无论何时何地，这都是一种追求智力性满足所热衷于搞的组合。 157

邦弗尼斯特[②]（E. Benveniste）曾指出，希腊语中，rhuthmos（节奏）一词的原初意思是“在整体中，各部分富有特征的组合”。在柏拉图的作品中，这词的含义从空间变成时间性的，他把节奏的概念扩大到在体操和舞蹈时身体的动作中去。包阿正像他的同代人一样，从相反方向理解词源，派生出在持续时间中展开的具有动力作用的生理现象的节奏（从空间意义说）。应当承认苏格拉底前的哲学家有道理。在装饰节奏中，占主导地位的是“整体”观念，因为只有当节奏的基本单位包含有限的成分时，复现才是可察觉到的。在一堆偶尔搜集起来的各类收藏品中，或是爱好搜集小玩意儿的人在自己的珍藏中发现的各种东西中，又怎么可能有秩序呢?

① 格列特利（1741—1813）：比利时列日地区人，作曲家，擅长喜歌剧，作品有《狮心理查》。

② 邦弗尼斯特（1902—1976）：法国语言学学者，法兰西学院比较语法教授。

节奏这概念包含着可作调动的系列，以使整体构成系统。对物质和形式，颜色和时间持续，音调或音色，在空间的方向和在时间的方向上来说，这是真实的。阶段性，不管是时间的还是空间的，都起着作用，因为对象征性的表现来说，复现是根本的东西，象征性的表现直觉地同自身的对象物吻合，而又从来不同它相混淆。同被象征的事物相比，象征构成一个整体，这个整体的各种成分不同于事物中的各种成分，但在它们之间存在着相同的关系。因此，象征为永久地保持原样，它还需要同事物保持形体的联系：在相同的境况中，它必须有规则地复现。

158 瓦格纳变换五个连续音符的 5 个时值，创造了勃伦希尔的睡眠，鸟，莱茵河的姑娘的动机。其他一些变换也是可能的；也许，在其他作品中会发现。不管这样的事情发生与否，人们都应问一下为什么在作曲家思想中，他所作的变换构成一个体系而其他的变换则不是？同样，项链上或流苏上珍珠的分布，织物上的图案和颜色也如此。数种组合都可能符合规律性，符合对称和节奏的要求。因此，问题并不在于弄明白艺术家为何选择这个而不是选择那个。装饰节奏的出现提出了一个应从更大范围寻求其答案的问题。

即使在所谓的“原始”艺术中，一些人为探求其结构也或多或少作了更为深入的研究。非洲的艺术往往局限于刻板模仿。结构的移植确实是有的，但它仍属造型之列。我们可以说，这是最接近经验物体的结构，即直接在现实物体之下的结构。黑人的艺术是最易接近在寻求更新的西方艺术，这也是情理中的事了，但是，这种艺术也是最受局限的。

有关艺术的理论也或多或少在发展。当某种艺术或某种作品有意识地从某种理论中汲取灵感时，更令人恼火的后果就随之而来。要使可能持久存在的风格产生，艺术家的智慧就不应当急于越过在外界和表现外界的方式之间的差距。达里于·米洛[①]（D. Milhaud）在 1920 年前后曾写过赋格曲，其中他自觉地采用了自然法则。马塞尔·杜尚在创作《下楼的裸女》时，完全意识到在参照连续摄影法。这样一些作品顿时就失去了自身的实质内容，显露出作品通过表达行为的本身已无可表白了。 *159*

反之，当纹章艺术构想出各种冠冕时，它并不可能知道这些东西通过自己形状再现着物质的瞬间即逝状态。伯爵冠使人们看到一滴奶落在奶水中所溅起的花纹

① 米洛（1892—1972）：法国作曲家。作品丰富，有歌剧、芭蕾、交响乐等。

的准确图像，但是，必须有了连续摄影法，才可能得知这一点。同样，设计王冠和帝冠，即帽形冠的人，不知道原子弹爆炸在一刹那的功夫就显示出自然界所秘密地保存着的原型。

构思冠冕的艺术家们丝毫不可能得知，冠冕产生于直觉的统觉，这种统觉具有先知的、物质不稳定状态的外表。更令人惊讶的是，据物理学家称，冠冕的不同等级再现出物质（从液态到气态）的内在固有的不稳定性程度的等次。人类的思维有能力在这些形状的实际存在为人所知之前，就构思出这些形态和它们之间的关系。

23

160 我们不看重编筐制品。在博物馆里，这类制品不会同绘画、雕刻，也不会同家具或实用艺术同时展出。18世纪，《百科全书》已经对这被忘却的编制业发表了明澈的见解。“这种艺术十分古老而且实用。生活在人烟稀少地区的祖先，隐居的孤独的修行人从事编制，并以此作为他们绝大部分的生活来源：从前编制业为有钱人的餐桌提供了极精致的编制品，如今，已极少见到，水晶瓶已取代了编制品。”今天，还有谁知道 mandrerie， closerie，faisserie lasserie[1] 这些词？这是指编制艺术所包括的四种主要制品。

一个世纪以后，另一部百科全书又说道："编制术使用自然界大量提供的、几乎现成的材料，像加工业那样只要求某种灵巧的手工，而很少使用或根本不需要工具。"这行业也是持久不了的。有同样多的理由来说明编制业所遭受的不景气。

在无文字的民族的生活中，这种艺术则占据着重要地位，往往是首要地位。编制术的用途无穷，它达到了我们无法与之相比的完美程度。在行家手上，编制术已成为一种高贵的艺术，例如在平原居住的印第安人中，这种手艺是被授以宗教奥义的人的特权。

然而，这些民族的信仰和宗教礼仪认为编制艺术有某种含糊之处。北美编制技术最高明的人都生活在落基 *161*
山西部，加利福尼亚、俄勒冈州、不列颠哥伦比亚、阿拉斯加。他们的一个神话认为，一只编制合格的篮子应当符合两种要求：完全不渗水（在这些地区，不制造或很少制造陶器，呈螺旋形的编制篮，制作编造得很紧密可用来盛水和其他液体；把火上烤过的石头浸入水中可

---

[1] 指柳条编织业的几种制品：不用箍和板条的柳条筐；篱笆围墙编制；网眼柳条编制品以及麦秆柳条编的细软织品。

以煮食物）；在编制时要有装饰性图案，就像第一位编制女人在溪流中看到闪烁的阳光时受到启示的那种图案。

神话故事把两个方面置于同一层次上，一方面是功能性的，另一方面是装饰性的。但是后面这词是否妥当？加利福尼亚地区波莫人的神话使人们对此提出疑问。

神话说，篮子的精灵寓于编制成的图形中：这是它们的家园。因而，这图中应有一扇“门”。图案的有意的缺陷，往往不易察觉到，它中断了图画的连续，但使篮子的精灵在死去时得以摆脱出来奔向天堂。有一名妇女在她编的篮子上没有做“门”，结果被囚禁的精灵判以死罪。受感动的造物主最终答应女编制工和篮子的精灵一起上天堂。

手工制品的精灵寓于制品中的说法并不罕见。必须为精灵准备一扇门，这表明精灵极易受到伤害。篮子表示自然和文化之间不稳固的平衡状态：篮子接近自然界，因为自然界提供了丰富的、现成的或几乎现成的材料，也由于所付出的少量的必需劳动（我将说明这一方
162 面情况），以及有限的使用时间，篮子最终将成为废物；但是，鉴于篮子的加工制作和它的用途，它又暂时是文化的一部分。

在大树林或在灌木林里，我常见到印第安人为搬运采摘到的野生植物或野味，砍下棕榈叶，把小叶子修剪一番，就地编制起来。他们就这样用绿叶编成篮子，回到住所就扔了，因为这种随手编成的东西并无什么用途。当然，同那些精心制造的编制品相比，这里说的是个特例，在美洲，那些呈螺旋形的编制篮子是缝合起来的而不是编成的，要制作这样的篮子需花一名熟练女编制工几天的工夫，而使用时间往往比亲眼目睹制作过程的那一代人更久长。在同一些民族中，那些用作存放家用物品的柔软篮子使用寿命就很短。

居住在当地的许多人数稀少的民族并不制作同类型的篮子，而且篮子用途也各不相同。尽管多种多样，似乎从俄勒冈至不列颠哥伦比亚，可把篮子分成两类：坚实的篮和柔软的篮，（萨利希家族）汤姆逊印第安人的语言把这种对立用一种语音象征主义美妙地表达出来：Kwetskwetsä'ist 指坚硬的编制品，lepalepä'ist 指软的编制品。

神话也很重视两者的对立。说萨哈布梯安语的印第安人谈到“软篮子”，即盗窃和食儿童的女妖魔民族。在与他们毗邻的希诺克人中，有一个“背筐女妖魔”是一个与食人女妖魔类似的人物，它的名字与萨哈布梯安语称“软篮子”人是一样的。布热·苏温的萨利希族人

163 把同一个人物叫作“蜗牛夫人”，因为它死之后，篮子就变成腹足纲动物的贝壳。碾碎蜗牛壳就会使它变成食人者。印第安人详细描绘了女妖魔篮子编制的方式，这种篮筐类似他们用来捕捉帘蛤的筐，比较坚硬，以便用在这种艰难的劳作上。

一些神话故事讲述了造物主，或是一位文化神仙用大火或其他方法弄死了一个女妖魔。好几种抱着敌意的篮筐，尽管敌意稍轻些，前来为这些食人者送葬。波莫人的神话说（我们还记得，这个民族在编制品的图案上为篮筐精灵留了一个出口），造物主遇到了一个篮筐民族：“各式各样的篮筐，这些就是人。”篮筐人拒绝为造物主效劳，造物主要抓他们，他们就东奔西跑，造物主恼怒至极，把他们碾为尘埃。希哈利人，即沿海地区的萨利希人讲了这样的故事：很久以前，文化神仙抱怨起篮筐——人。他们独自走着走着，从山峰上跌下，落进河里，他们筐里装着的干鱼都纷纷活了并游跑了。神仙于是命令，从今后篮筐不能自由活动，人得艰辛地背着篮筐及筐中之物。

在美洲的整个西北地区，食人篮筐的图案同女妖魔的图案有着紧密联系，女妖因上当去美容而被杀死（女妖魔抓到了一个孩子，孩子使它相信做一次手术可以变得同自己一样白，脸上也有美丽的花纹，并能够发出悦耳的声音，而美容手术使它丧了命）。图案在南美，尤其在盖族人中是低层文化的典型代表，这种复现使人不禁要问是否在南美也有同篮筐神话相似的故事。

在北美萨哈布梯安人中，软篮筐女人不仅只是女妖魔，她还勾引男人，并用自己带齿的阴道切下男人的阴茎。在南美，由列翁·加道冈（L. Cadogan）搜集到的瓜拉尼人的创世记讲的一个故事说，造物主把一只篮筐变成了女人并收养了她。他把她嫁给了夏里阿妖魔。妖魔把她带回村去，但在半路上它就同她睡觉，结果它的阴茎被弄成碎块。夏里阿殴打这个女人，她马上变成了篮筐。尽管文中没有点明，但可以推论出，正像北美的篮筐女人一样，这女人的阴道是带齿的。瓜拉尼人的创世记在瓜亚基人中有另一种说法，这是克拉斯特（P. Clastre）所搜集到的，但他本人也感到不可靠，故事说，“太阳”被妖魔从它落入的陷阱中救了出来，它编造出一只篮筐，又把篮筐变成女人，它把女人送给了妖魔，并告诫妖魔不要常带她去洗澡。妖魔把这嘱咐抛置脑后，女人消失在河中，她从远处冒出，又成了一只篮筐。 *164*

克拉斯特从这则故事中推论说，瓜亚基人把篮筐看成女人的换喻。这说法略显不够，因为，与瓜拉尼人有很近血缘、生活在亚马逊河畔的杜比人有一个神话，其中说到篮筐变成了美洲豹（豹皮带斑点花纹使人联想到篮筐的网眼，这也没有提供充分的解释），而美洲豹是一种自相残杀的动物，正像阴道带齿的女人一样。

165 瓜亚基人那个令人生疑的说法，在加利福尼亚的波莫人中似有一种表白得更明白的相反说法，我在前面已数次提到了波莫人。第一只篮筐做得非常精巧，“青蛙”在完工前就把它扔入湖中。篮筐变成了魔鬼，魔鬼使每个经过那里可能见到它的经期中的女人都病倒。如此种种，横贯新大陆，可看到变幻的各种状况。“篮筐女士”使男人的生殖器流血，并使男人生病，她就变成为“篮筐先生”，“篮筐先生”又使生殖器（已经）流血的女人病倒。在巴拉圭或在加利福尼亚都一样，一只尚未完全发生变化的篮筐（或由男人变成女人，或由女人变成完工的制成品）都不应当放入水中，至少在加利福尼亚，篮筐能盛水，这表明它已制作完成。

正像北美的神话那样，南美的神话中也有一些不怀好意的篮筐人。在玻利维亚，达卡纳的印第安人讲了一个故事。篮筐由于人类对它们缺乏尊重，在它们无法使用时，把它们扔给牲口或放火烧掉而十分恼火，它们抛弃所盛装的东西逃进树林里去。人类不知用什么来装东西，食品乱扔在地上。篮筐见到这副狼狈景象而受感动，它们又返回村落。

所有这些神话故事，同物品起来反抗自己的主人的神话都有相近之处，这种神话在达卡纳人中也有，在玛雅人中，在安第斯山地区，这类神话的形式更古老。而奋起反抗的物品一般来说是硬而坚实的：陶器、石磨、研钵、石杵（在其他一些说法中，有狗和家禽；有时有野兽），这些东西指责人的残忍。它们联合起来，消灭人类。在玛雅人的圣书《Popol Vuh》中，说的就是第一批人类的末日：新的人类将诞生。过去在新几内亚可 166
见到的石匠和磨工，他们更受灵感启示，怜惜起自己使用的斧子的下场，这些斧子在折断和磨损后无法用来在树林中伐树。石匠并不把斧子就地抛弃，而是把它们带回村里，斧子在村落安度余下的光阴。反之，令人惊讶的是，有关编制业的神话着重于篮筐的柔软和使用期的短暂。达卡纳人认为，编制术的非凡的师傅，他的体躯是一只由绿叶编成的筐，即某种不太可能使用一次以上的东西。

在新大陆各地，篮筐被当作极敏感的物品。它们来自自然，经手工有时颇为仓促的加工后取得了自身的文化价值，然后必定返回自然界。篮筐是比较易损坏之物，由于编制品一旦毁坏不可能用在他处，因而这种易损性就更大了。但把编制品放在废弃物之中依然有着重大意义。即使已无法使用，它们仍保存着某些文化尊严

的东西；这种文化尊严令人隐约地起敬，使人难以任意
167 处理过去曾同使用者密切相关的物品。一些柔软的背篓，卡拉布依亚人近期还使用来采集东西（这些居民生活在哥伦比亚小港湾，是孤立的语言团体），有一位提供情况的人说：“这是妇女们过去常常随身携带的东西。”

人的尸体就像无法使用的篮筐一样，是灵魂（对篮筐来说，是精灵）不愿离去的残剩之物。在美洲，一直有某种把篮筐安葬或差不多的做法：波莫人称，当篮筐的精灵死去时，它在土里待四天，然后才升天。

在日本，一些宗教徒的做法正相反。被弃置的器皿变成超自然的精灵，但是，最好是把这些旧东西烧掉，或是，无论如何也要甩开它们。一名游客在一座改作他用的庙宇里投宿，夜里，他目睹了旧簸箕，一块方布（用来运盒子），一只旧锣在跳舞：“这就是忘了扔掉废旧东西的结果。”在昨天与今天之间，在今天与明天之间，应当划一条界线，就像这位被人列举的日本女士（但是，这也许不是特殊情况），她每天都洗衣服，担心她若突然死去，会在身后留下脏衣。

我们始终面临这种选择：同过去，即使是不远的过去决裂或保存——但是到何时为止？——旧衣服，旧东西，它们曾在我们生活中占有一席之地，而如今对我们

来说就像是去世的老友。波德莱尔说：

> 噢，我的靴子！回到柜子里去吧
> 它会成为你的棺材。

24

在北美平原的部落里，男人在野牛皮革和其他东西上绘制象形图或是抽象画。女人则用豪猪的刺来做刺绣。把长度和坚韧性不同的刺弄平，使之柔软并着色；再把它折起来，编织缝制，这是一件困难的手艺活儿，得几年功夫才能学会。尖利的刺会伤人，甚至会像小弹簧一样蹦起来伤着眼睛造成失明。 168

这些几何图形的刺绣，从表面上看是纯粹装饰性的，却含着各种意思。刺绣女人要长时间地思索刺绣品的内容和图样，或在梦中或幻觉中从一位两面神仙——艺术之母那里获得。女神仙把花样图形告知刺绣女人后，她的女伴们便会来仿制，这图形就进入部落的花样图案集里。而这名创作图案的女人一生便是特殊人物。

一个世纪前，一位印第安老人曾讲过："当女人梦见'两面女士'时，从今之后，不管她做什么，没有人比得过她。但这女人就像个十足的疯子。她狂笑，行动神秘莫测。她使接近她的男人着魔。因此，大家把这样的女人叫作'两面女'。她们同任何人都睡觉。但是，无论干什么活儿，无人能超过她们。她们是一些豪猪刺的刺绣能手，她们从事这种艺术极其灵巧。她们也干男人的活儿。”

169 天才艺术家的这副惊人形象，使浪漫派的描绘模式和后来20世纪出现的诗人和劣等画家的千篇一律的作品，及其对艺术和疯狂之间关系的伪哲学的发展变得望尘莫及。在我们用引申含义谈论之处，无文字的民族都用本意来表达。只需作移植，我们就会发现这些民族距我们不那么遥远，或是说我们距他们更近。

在加拿大西部，太平洋沿岸，齐姆希安民族中，画家和雕刻家构成一个特殊阶层。把他们称为集体，这意味着这些人有着神秘色彩。男人、女人，甚至是孩子，只要窥视他们的工作，将一律处死。这有例在先。在这些等级制极其严格的社会里，在贵族中，艺术家头衔是世袭的，但一个普通平民的天赋得到公认后也能获此殊荣。不管是贵族还是平民，新手一律要经受长时期的极严格的传授奥秘的考验。有正式称号者必须把自己的奇特功能注入到他的门徒的体内。这个门生被艺术家护身符钩住后就消失在天空。实际上，他在树林里隐藏了一段时间，过后又重新抛头露面，这时他已获得了新本领。

因为，唯有艺术家才有权并有本领制造的普通面具或连接活动的面具是一些令人生畏的实体。据一位有文化的印第安人说，20世纪初有一个名叫“火爆话”的非凡的人物，“他身体像狗”。部族首领在头上在脸上不戴他的面具，因为面具有自己的体躯，这面具被视为极可怕的东西。他的哨子也难以吹响，如今已无人会吹。不是用嘴吹，而用手指按着某个地方。关于这人，只知道 170
他居住在山上岩洞里。过去有一只关于面具的歌，但面具一直被藏着。只有主要部族首领的孩子，或是邻近部族首领的孩子才见过这面具。“火爆话”的嗓门让首领的孩子们害怕；普通人更是害怕得要命。王子、公主感到很骄傲，因为他们可以摸面具。要把面具展示出来，得花很多钱。

艺术家们还负责修饰住房的门面和屋内的活动板壁，雕刻柱子和象征性旗杆，制造宗教仪式中用的器具和装饰用品。尤其是，他们得负责设计、制作并操作各种道具，在美洲这地区，这些道具使社会性的和宗教的典礼具有大规模演出的气氛。这种典庆在露天或在只有一个大厅组成的宽敞的宅内进行，这种大厅里往往住着好几家人，并能接待成群的来宾。

19世纪，有一个故事讲到一次庆典活动。正在庆祝时，在大厅正中央的炉灶被水突然淹了，就像在《诸神的傍晚》中那样，水是从深渊中冒出的。一条同真鲸鱼一般大小的“鲸鱼”突然出现，抖动了一下身体又众鼻孔中喷出水柱。然后又潜入水里，地又变成干的，众人又重新点燃灶台。

171 这些绝妙的道具的发明和制作者不得有丝毫的差错。1985 年，包阿曾发表了一篇故事，讲到一次典礼仪式。这次仪式的最精彩处——请允许我这么说——是一个被视为在海洋深处生活过的人又返回到自己家人中间。观看的人群聚在沙岸上，看到一大块岩石冒出来并分成两半，从中走出了这个人。藏在树林里的道具技师们从远处用绳索操纵着器材。他们演两次都成功了（因为观众要求再演一次）。第三次，绳索绞在一起了，那堆假的岩石和那个人全沉了下去。这家人毫不动声色，称他已拿定主意仍留在海底，典礼仪式按计划进行下去。但是，在客人纷纷散去之后，这个亡人的父母和这次演出的技师便绑在一起，从悬崖高处跳入大海之中。

还有的故事讲述：为演出一个曾接过奥秘的女人重返人间，技师们用海豹皮制成了一条用绳索起动的“鲸鱼”。为做到更活龙活现，他们把烧烫的石头放入鲸鱼肚中的水里，使水气从鲸鱼的鼻孔中冒出来。有一块石头落在了边上，把皮烧了个洞，“鲸鱼”就沉入水里。这次活动的组织人和道具的技师都自杀了，因为他们知道自己会被这些秘密的守护人处死的。

这些故事源于齐姆希安族的印第安人，他们生活在不列颠哥伦比亚南部沿海地区。他们的近邻，生活在他们正对面的夏洛特王后群岛上的海达人，在他们的神话里讲到坐落在海洋深处或大树林中的村庄，那里住着一 172
群艺术家。印第安人在一次巧遇中，从他们那里学会了绘画和雕刻。这些神话故事便把美术说成具有超自然的渊源。

然而，在我已列举的几个典礼仪式例子中，所有的一切都是人为的。庄重的场面上，传授奥秘的人称（直至某种程度，他以为是真的呢?）自己有超自然的精灵附体，他把这种精灵从体内发挥出来，猛烈地投向蹲在席子下的接受奥秘者的体内，这时，传来了所说的精灵的哨声，即它的有声标志；还有，制造面具和自动道具，其他的精灵会活生生地从中体现出来；以及大场面的演示，和后来几个见证人所描绘的情况。

一次成功的演出激发起美学的激情，正是这种美学的激情在追溯既往中使信仰在其超自然的渊源具有价值；必须承认，甚至在创作者和演员的思想中（他们充分明白自己的花招），联系只可能有某种假设性的存在："这是真实的，因为，尽管招来了各种难以解决的问题，但这还是成功了。"反之，因演出失败而露出了马脚，有可能毁掉人们的信念，即在人类社会和超自然界中并无间隔。这种信念是至高无上的，因为在那些等级分明的社会里，贵族的权力，平民百姓的从属地位，奴隶的屈从，这一切都得到超自然秩序的确认，而整个社会秩序从属于超自然的秩序。

我们不会因为艺术家没有把我们提高到比我们自身更高的境界而把无才干的艺术家在肉体上（也许还包括经济和社会意义上?）处以死刑。但是，难道我们没有在艺术和超自然之间建起某种联系吗?这正是热情奔放一词的词源意义，我们用这个词来表达看到不朽之作时
173 的内心激情。从前，人们谈到，拉斐尔的“神圣”，英语的美学词汇里有“尘世之外”（out of this world）一词。在这种情况下，只要把使我们感到抵触的或使我们感到困惑不解的信仰和仪式从其本意转换为抽象意义，那么我们就会看到它们同我们自己的信仰和仪式相比有着熟悉的方面。

在美洲这地区，艺术家的条件包含着令人不安的意义，倘若不说是悲惨二字的话。不错，艺术家的社会地位会很高，但是他们必须从事骗人花招，一旦失败就不得不自杀或被谋杀。但是，这同一地区的神话故事却把艺术家描绘成具有诗意充满魅力的人物。

阿拉斯加地区的特林奇人与齐姆希安族人毗邻，他们讲述过一个故事：海达人的领地，夏洛特王后岛屿上

的一个年轻首领深情地爱着他的妻子。他妻子病倒了，经精心治疗仍无效而死去。这个年轻首领痛不欲生，他东奔西跑去寻找有本领的雕塑家来复制亡妻的容貌，结果一无所获。可是，就在同村落里有位著名雕刻匠。有一天，他遇见了一个鳏夫，对他说：“你这村走到那村，可你找不到人给你妻子做头像，是不是？过去你们在一起散步时，我常见到她，可是从不曾想到有一天你会要塑造她形象而细看过她容貌；不过，要是你愿意，我可以试试。”

雕刻匠找来一段崖柏木，干了起来。当他完工后就给这段木头穿上死者衣服，再把她丈夫叫来，这位丈夫高兴至极，取走了雕像，问雕刻匠要多少钱。对方答道：“随你便，我是出于对你的同情才这么做的，因此，不要给太多。”年轻首领还是重重酬谢了雕刻匠，送给他奴隶和其他财物。

这位艺术家名声如此之高使得显贵们也不敢与之相 174
比。他认为，在着手塑造面像前，要是能研究模特儿面目那才好；他不愿意有人旁观他干活；他的作品价值极高；他在适当时候，会显得很有人情味而大方：瞧，这不正是一位伟大的画家或雕刻家（甚至在当代）的理想形象吗？我们衷心愿意我们所有画家、雕刻家就像这个样子。

神话故事接着又讲，年轻首领把这座雕像当成活人一样对待。有一天，他觉得雕像在动。来访者对雕像如此逼真而陶醉。随着时光推移，雕像似变得像一个女人（后来发生的事，可预料到）。事实上，不久以后，雕像发出一种木头裂开的声音。把雕像扶起来，发现有一棵小树从身下长出来。小树渐渐长大了，夏洛特王后岛屿上的崖柏如此美，就出于此因。当有人要找美的树，找到后就会说："它美得就像首领妻子生的孩子。"至于雕像，它几乎不动了，而且人们从不曾听到它说话；但这个丈夫在梦中得知雕像在同他讲话，他也明白它所说的。

齐姆希安族人（特林奇人欣赏他们的艺术品，并向他们订货）讲的这个故事与此不同。鳏夫自己动手雕刻他亡妻的像。他待雕像就像它是活的那样，装着同它交谈，自问自答。一天，有两姐妹来到他的住所，她们藏在房里，看到他亲吻雕像又紧紧抱住它。她们忍不住笑出声来，那位丈夫发现了她们，邀她们一起吃饭。妹妹
175 吃饭文质彬彬，姐姐则大嚼大吃。不一会儿，姐姐睡着的时候，肚痛起来，拉肚子弄得满身污秽。妹妹和鳏夫决定结婚，并相互保证：他烧掉雕像并永不谈姐姐的丑事；妹妹也不同任何人讲"他同雕像所干的事"。

暴饮暴食（量方面）和性欲的泛滥（质方面）之间

的相似是惊人的，因为在这两种情况中，都是滥用交流：过度饮食，同一尊雕像交媾就如同与一个人交媾那样，这是不同的领域，却是一些可作比较的行为，尤其因为世界上各种语言（在隐喻方式上，也包括我们的语言）往往使用同样的词来表示“吃”和“交媾”。

然而，特林奇人的神话和齐姆希安人的神话并不用相同的方式处理这共同的主题。第二个神话故事并不赞成把人与木头雕像相混淆。一点不错，木雕像是某一位雕刻爱好者的作品，但我已经说过，齐姆希安的画家和雕刻匠，这些伟大的专业人才，他们的工作蒙着何种秘密。使人把艺术当作生命，这既是他们的特权也是他们的义务。艺术作品所产生的幻觉的目的是证明社会和超自然之间的联系，因而当有人把这种幻觉转移到感情和特殊的方面时，就会被人蔑视。在以两姐妹为代表的公众眼里，鳏夫深爱着亡灵的行为可谓是丑行，或至少是可笑的。

特林奇人在神话中表现出他们对艺术作品持有不同看法。鳏夫的行为并不令人反感；人们纷纷前往他家去欣赏这个杰作。但是，雕像的作者是一位大师，（尽管如此，或正因为如此）雕像仍然介于生活和艺术之间。植物生植物，一个木头制成的女人只能生下一棵树。特
林奇人的神话把艺术变成自主的领域：艺术作品未及和 *176*

超过作者的意图。作品一旦完成，作者就失去对它的控制，艺术作品就按自身的本性发展。换句话说，使艺术作品得以永存的唯一方法是产生其他的艺术作品，这些艺术作品在当代人看来比先于它们的那些作品更富有生命力。

通观数千年历史，人类的各种激情相互交融混杂。时间既没有对人类的爱和恨，对他们的诺言，他们的斗争和他们的希望增添和减少任何东西：从前和今天，一如既往。即使随意抹去 10 个或 20 个世纪的历史，也不会明显地影响我们对人类本性的认识。唯一无法弥补的损失也许是在这段时间里本来会产生的那些艺术作品。因为人类只是通过他们的作品才有区别，甚至才存在。就像那个生下小树的木雕像那样，唯有艺术作品表明，随着时间的流逝，在人类社会中确实发生了某些事情。

索　引

（所注页码为原书页码，即本书边码）

参考文献

OUVRAGES CITÉS

I

Proust, M., *A l'ombre des jeunes filles en fleurs*, deuxième partie:

《Noms de pays: le pays》; *Le Temps retrouvé*, Paris, Pléiade, 1954, p. 882, 900, 1033 sq. Curtis, J. -L., *Lectures en liberté*, Paris, Flammarion, 1991, p. 86.

II

Schapiro, M., 《Seurat and La Grande Jatte》, *Columbia Review*,

1935, Diderot, D. ,《Essais sur la peinture》, in *Œuvres esthétiques*, Paris, Garnier, 1959, p. 719, 825. Champaigne, Ph. de, cité par J. Thuillier,《Pour un Corpus pussinianum》, in *Actes du Colloque international Nicolas Poussin*, Paris, 1960, p. 159. Delacroix, E. , *Journal*, 23 sept. 1854, 27 avr. 1853, 28 avr. 1853, 16 juin 1851, 1er nov. 1852, 6 juin 1851, 11 mai 1847, 27 fév. 1850, Paris, Plon, 1932. Coypel, A. ,《L'esthétique du peintre》, in *Conférences de l'Académie royale de Peinture et de Sculpture*, publiées par H. Join, Paris, Quantin, 1883, p. 315. Ingres, J. A. D. ,《Notes et pensées》, in H. Delaborde, *Ingres, sa vie, ses travaux, sa doctrine d'après les notes manuscrites et les lettres du maître*, Paris, Plon, 1870, p. 136. Félibien, A. , *Journal*, cité par J. Thuillier, *op. cit.*, p. 80; *Entretiens sur la vie et les ouvrages des plus excellens peintres anciens et modernes*, Nelle édition revue et corrigée, Trévoux, imprimerie du S. A. S. , 6 tomes, 1725, tome IV, Huitième Entretien;《Vie de Poussin》, in *Lettres de Nicolas poussin*, etc. , Paris, Wittmann, 1945, p. 13-14. Blunt, A. , *Nicolas Poussin*, *I*, *Text*; *II*, *Plates* (A. W. Mellon Lectures in the Fine Arts), Washington, D. C. , 1967, I, p. 242-244.

Ⅲ

Panofsky, E. ,《*Et in Arcadia Ego*: On the Conception of Transience in Poussin and Watteau》, in *Philosophy and History. Essays Presented to Ernst Cassirer*, Oxford, Clarendon Press, 1936; republié in *Meaning in the Visual Arts*, Garden City, N. Y. , Doubleday

Anchor Books, 1955. Diderot, D., *Œuvres complètes*, publ. par J. Assézat, Paris, 1875-1877, VII, p. 353. Jaucourt, chevalier de, art. 《Paysagiste》 in *Encyclopédie*.

Ⅳ

Félibien, A., *Entretiens*, *op. cit.*, p. 90-115. Champaigne, Ph. de, in *Conférences de l'Académie*, etc., *op. cit.*, p. 91. Reynolds, sir J., *Discours sur la peinture*, etc., trad. par L. Dimier, Paris, Laurens, 1909, p. 162. Le Brun, Ch., cité par A. Fontaine, *Les Doctrines d'art en france. Peintres, amateurs, critiques de Poussin à Diderot*, Paris, Laurens, 1909, p. 82. Piles, R. de, *Conversations sur la connoissance de la peinture*, etc., A Paris chez Nicolas Langlois, 1677, p. 260.

Ⅴ

Conférences de l'Académie, etc., *op. cit.*, p. 90-97. Yoe, M. R., 《Catlin's Indians》, *Johns Hopkins Magazine*, June 1983, p. 29. Diderot, D., *Salon de 1763* (voir sous XI). Goncourt, E. &J. de, 《Chardin》, *Gazette des Beaux-Arts*, 1863-1864. Pascal, Bl., *Pensées*, Ⅱ, p. 150. Seznes, J., 《John Martin en France》, *All Souls Studies IV*, London, Faber &Faber, 1964, p. 48-49. Plutarque, 《Propos de Table》, in *Les Œuvres meslées*, trad. Amyot, Paris, 1584, Ⅱ, p. 119. Chabanon, M. P. G. de, *De la Musique* (voir sous XIV), p. 50. Rousseau, J.-J., *Lettre sur la musique française*. Morellet, abbé A., *Mélanges de littérature et de philosophie*, 4 vol., Paris, 1818, IV, p. 395.

Ⅵ

Ingres, J.A.D.,《Notes et pensées》, *op. cit.*, p. 162, 136, 132, 159, 133, 150, 115, 129, 153. Delacroix, E., *Journal*, 13 janv. 1857, 17 oct. 1853. Félibien, A., *Entretiens*, *op. cit.* Ⅲ, p. 194; IV. p. 13, 113, 155-156. Diderot, D.,《Essais sur la peinture》, *op. cit.*, p. 834. Blanc, Ch., *Les Artistes de mon temps*, Paris, Firmin Didot, 1876, p. 23-24, 72. Delacroix. E., cité in E. Amaury-Duval, *L'Atelier d'Ingres*, publ. par Élie Faure, 3e éd., Paris, Crès, 1924, p. 12, 241. Menpes, M.,《A Lesson from Khiosi》, *The Magazine of Art*, April 1888. Riegl, A., *Grammaire historique des arts plastiques*, Paris, Klincksieck, 1978, p. 109.

Ⅶ

Balzac, H. de, *Beatrix*. Chabanon, M. P. G. de, *De la Musique* (voir sous XIV), p. 369. Wagner, R., *Lettres de... à ses amis*, trad. G. Khnopff, Paris, Félix Juven, s. d., n° LV (à Th. Uhlig). Amaury-Duval, E., *L'Atelier d'Ingres*, *op. cit.*, p. 47. Wagner, Cosima, *Journal*, 4 vol., Paris, Gallimard, 1976, IV, p. 404 n. Wind, E., *Art et anarchie*, Paris, Gallimard, 1988, p. 34. Newton, I., *Traité d'Optique*, etc., trad. Coste, 2e éd. française, Paris, Montalant, 1772, p. 241, 335-336, 449, 513.

Ⅷ

Adam, A.,《Rameau》, *Revue contemporaine*, 15 oct, 1852; *Derniers Souvenirs d'un musicien*, Paris, Michel Lévy frères, 1859, p. 61-62. Masson, P. -M., *L'Opéra de Rameau*, Paris, Henri

Laurens, 1930, p. 491. [Anonyme], *Réponse à la Critique de l'opéra de* Castor *et observations sur la musique*, Paris, 1773, p. 43-44, 38-39, 45. Rameau, J. -Ph. , *Œuvres complètes*, publiées sous la direction de C. Saint-Saëns, Paris, Durand, vol, VIII, p. 1903. Lajarte, Th. de, *Castor et Pollux*, partition pour piano et chant, Paris, Th. Michelis, s. d. , p. 3. Rameau, J. -Ph. , *Castor et Pollux*, Bibliothèque nationale, Vm2 331&334.

Ⅸ

Adam, A. *Derniers Souvenirs*, etc. , *op. cit.* , p. 61. [Anonyme], *Mercure de France*, juillet 1782, p. 42-43, 45. [Chabanon], 《Sur la Musique, à l'occasion de *Castor*》, *Mercure de France*, avril 1772, p. 165-167. Chabanon, M. P. G. de, *Éloge de M. Rameau*, Paris, Lambert, 1764, p. 36; *De la Musique*, etc. (voir sous XIV), p. 116, 192. Rameau, J. -Ph. , *Code de Musique pratique*, etc. , Paris, Imprimerie Royale, 1760, p. 168. Berlioz, H. , 《De Rameau et de quelques-uns de ses ouvrages》, *Revue et Gazette musicale*, 1842, p. 442. Masson, P. -M. , *L'Opéra de Rameau*, *op. cit.* , p. 218, 255, 443, 480-481.

Ⅹ

Diderot, D. , 《Essais sur la peinture》, in *Œuvres esthétiques*, Paris, Garnier, 1959, p. 718, 765. Wind, E. , *Pagan Mysteries in the Renaissance*, Penguin Books, 1967, p. 113-127. Rousseau, J. -J. , *Essai sur l'Origine des Langues*, ch. ⅩⅢ, ⅩⅥ. Starobinski, J. , 《Présentation》, in *ibid.* , coll. Folio, Paris, Gallimard, 1990,

p. 43. Batteux, abbé Ch., *Les Beaux-Arts réduits à un même principe*, A Paris Chez Durand, 1746, p. 260, 263, 269. Rousseau, J.-J., 《De l'Imitation théâtrale. Essai tiré des dialogues de Platon》, in *Œuvres complètes*, Paris, Desiez, 1837, Ⅱ, p. 183-191. Ingres, J. A. D., 《Notes et pensées》, *op. cit.*, p. 123.

Ⅺ

Poussin, N., 《Lettre à Jacques Stella》 in Félibien, *Entretiens*, *loc. cit.* Le Brun, Ch., 《Discours sur *La Manne*》, in *Conférences de l'Académie*, etc., *op. cit.*, p. 61-62. Félibien, A., *Entretiens*, *loc. cit.*, p. 139-141. Diderot, D., art. 《Composition》, *Encyclopédie*; *Salons.* Texte établi & présenté par J. Seznec & J. Adhémar, 4 vol., Oxford, Clarendon Press, 1957-1967: Salons de 1759, 1763, 1767; 《Éloge de Richardson》 in *Œuvres esthétiques*, *op. cit.*, p. 30-31.

Ⅻ

Diderot, D., art. 《Beau》 in *Encyclopédie*; *Lettre sur les sourds et muets*, édition commentée & présentée par P.-H. Meyer (*Diderot Studies* Ⅶ), Genève, Droz, 1965, P. 70-89, 101, 163, 212. Gilman, M., *Imagination and Creation in Diderot* (*Diderot Studies* Ⅱ), Genève, Droz, 1952, p. 214. Batteux, Ch., *Les Beaux-Arts*, etc., *op. cit.*, p. 169-173, 94. Poussin, N., *Lettres et propos sur l'art*, Textes réunis & présentés par Anthony Blunt, 2e éd., Paris, Hermann, 1989, p. 45.

Ⅷ

Kant, E., *Critique de la faculté de juger*, livre Ⅱ. Mandelbrot, B., *Fractals: Form, Chance, and Dimension*, San Francisco, W.-H. Freeman & Co, 1977. Duval, P. M., *Les Celtes* (L'Univers des Formes), Paris, Gallimard, 1977. Balzac, H. de, *Gambara*. Rosen, Ch., *Le Style classique*, Paris, Gallimard, 1978, p. 521, 551. Dewdney, A. K., 《Wallpaper for the Mind》, *Scientific American*, vol. 255, n°3, September 1986.

ⅩⅣ

Jakobson, R., *Questions de poétique*, Paris, Seuil, 1973, p. 102-104. Rousseau, J.-J., *Dictionnaire de musique*, art.《Harmonie》; *Essai sur l'Origine des Langues*, ch. ⅩⅣ. Batteux, Ch., *Les Beaux-Arts*, etc., *op. cit.*, p. 281. Helmoltz, H. von, *Théorie physiologique de la musique*, Paris, Gabay, 1990, p. 406. Tamba, A., 《Le concept japonais de création》, *Traverses*, 38-39, novembre 1986, p. 232. Lord, A. B., *The Singer of Tales*, Harvard Univ. Press, 1960, p. 30. Michotte, E., *Souvenirs personnels. La Visite de Wagner à Rossini*, Paris, Fischbacher, 1860. Chabanon, M. P. G. de, *De la Musique considérée en elle-même et dans ses rapports avec la parole, les langues, la poésie et le théâtre*, Paris, Pissot, 1785, p. 158, 50-53, 56-60, 355. Morellet, A., 《De l'Expre-ssion en Musique》, *Mercure de France*, novembre 1771, p. 123. Chabanon, *Éloge de M. Rameau*, *op. cit.*, p. 16.

XV

Chabanon, M. P. G. de, *De la Musique*, etc., *op. cit.*, p. 27, 166, 135, 168, 73, 115-116, 65, 207-209, 201-202, 213-214, 400, 407, 442-443, 30-33, 49, 193, 29, 38, 169, 171, 348, 28; *Éloge*, *op. cit.*, p. 22-23, 38, 45-48. Rousseau, J.-J., *Lettre sur la Musique française*. Sherlock, M., *Nouvelles Lettres d'un voyageur anglais*, Londres et Paris, 1780, p. 161-207. Batteux, Ch., 《Traité de la construction oratoire》 in *Principes de la Littérature*, Paris, 1774, tome V, seconde partie, ch. I et II.

XVI

Chabanon, *De la Musique*, etc., *op. cit.*, p. 371, 73, 447-450, 84, 456, 459, 133, 393, 3. Rousseau, J.-J., art. 《Musique》 in *Encyclopédie*. LéviStrauss, C., *Le Cru et le cuit*, Paris, Plon, 1964, p. 27-30. Marmontel, J.-F., art. 《Arts libéraux》 in *Supplément à l'Encyclopédie*, t. I, Amsterdam, Rey, 1776; *Mémoires d'un père pour servir à l'instruction de ses enfans*, 4 vol., in *Œuvres posthumes*, Paris, 1804. Chabanon, M. P. G. de, *Observations sur la Musique et principalement sur la métaphysique de l'Art*, Pairs, 1772.

XVII

Chabanon, M. P. G. de, *Éloge*, *op. cit.*, p. 54, 32, 34; *De la Musique*, etc., *op. cit.*, p. 92-93, 359, 236, 95-96, 98-99, 101, 296-298, 291-293, 235-237, 301, 184, 2-3.

XVIII

Leiris, M., *Operratiques*, Paris, P. O. L., 1992, p. 110,

117-119，51，135，47，105-106，131，57，190；*Journal 1922-1989*，Paris，Gallimard，1992，p. 485-487. Lévi-Strauss，C.，*Le Cru et le cuit*，*op. cit.*，p. 22-26；《De Chrétien de Troyes à Richard Wagner》in *Le Regard éloigné*，Paris，Plon，1983，ch. XVII. Chabanon，*De la Musique*，etc.，*op. cit.* p. 305，263，266，268-269，192，270-272，277，283，261，287，304，363，36，46，308-313，334n.；*Éloge*，*op. cit.*，p. 22. La Bruyère，J. de，*Les Caractères*，ch. I. Batteux，Ch.，*Les Beaux-Arts*，etc.，*op. cit.*，p. 211. Wagner，R.，*Lettres de ... à ses amis*，*op. cit.*，XXIV，XXV（à F. Heine）. Hannetaire，D'，*Réflexions sur l'Art du Comédien*，4e éd.，1776，p. 27. Lévi-Strauss，C.，*L'Homme nu*，Paris，Plon，1971，p. 583-584，589-590.

XIX

Castel，R. B.，*L'Optique des couleurs*，A Paris chez Briasson，1740，p. 302，305，314，105，431，118，46-57，210-211，446，156-158；*Description de l'orgue ou du clavecin oculaire* [...] *par le célèbre M. Tellemann，Musicien，ibid.*，p. 473-487. Parra，F.，《Les bases physiologiques de la vision des couleurs》，*in* S. Tornay，éd.，*Voir et nommer les couleurs*，Nanterre，Laboratoire d'ethnologie et de sociologie comparative，1978. Albright，Th. D.，《Color and the integration of motion signals》，*Trends in Neuroscience*，vol. 14，n° 7，1991. Diderot，D.，*Les Bijoux indiscrets*，ch. XIX. Rimbaud，A.，*Œuvres complètes*，Pléiade，1954. Jakobson，R.，（with Linda Waugh），*The Sound Shape of Language*，Bloomington，Indiana

University Press, 1979, p. 193. Clavière, J., 《L'audition colorée》, *Année Psychologique* 5, 1899, p. 171-172. Valéry, P., 《Triomphe de Manet》 in *Manet*, *Paris*, *Orangerie*, 1932: XIV-XVI. Rimbaud, A., *Œuvres complètes*: *Being Beauteous*, *Les Mains de Marie-Jeanne*, *Les Premières Communions*, *Mes Petites Amoureuses*, *Michel et Christine*. Baudelaire, Ch., *Œuvres complètes*, Pléiade, 1961: *Salon de 1846*, *L'Idéal*, *Le Possédé*, *Harmonie du Soir*. Jakobson, R. (with J. Lotz), 《Notes on the French Phonemic Pattern》, in *Selected Writings*, vol. I, 'S-Graven-hage, Mouton, 1962, p. 431; *The Sound Shape*, etc., *op. cit.*, p. 151-152. Gautier, Th., 《Haschich》, *La Presse*, 10 juillet 1843. Mac Laury, R. E., 《From Brightness to Hue: An Explanatory Model of Color-Category Evolution》, *Current Anthropology*, vol. 33, n° 2, April 1992. Rimbaud, A., *Œuvres complètes*, *op. cit.*: *Ce, qu'on dit au poète*, *Derniers vers*, *L'Éclatante Victoire de Sarrebrück*, *Mes Petites Amoureuses*, *l'Orgie parisienne*, *Le Bateau Ivre*. Castel, R. B., *L'Optique des couleurs*, *op. cit.*, p. 135, 270, 400. Albright, Th. D., 《Color and the Integration, etc.》, *op. cit.*, p. 267n. Chabanon, *De la Musique*, etc., *op. cit.*, p. 215, Jakobson, R., *The Sound Shape*, etc., *op. cit.*, p. 133.

XX

Lévi-Strauss, C., *Tristes Tropiques*, Paris, Plon, 1955. p. 22-23.

XXI

Lévi-Strauss, C., *L'Homme nu*, *op. cit.*, p. 621. Gobineau, A. de, *Essai sur l'inégalité des races humaines* (rééd.), Paris, Belfond, 1967, p. 872-873.

XXII

Boas, F., 《Decorative Designs of Alaskan Needle-cases, etc.》, *Proceedings of the U.S. National Museum*, vol. 34, 1908; republié in *Race, Language and Culture*, New York, Macmillan, 1940, p. 588-589. Demetracopoulou Lee, D., citée par C. Lévi-Strauss, *Anthropologie structurale*, Paris, Plon, 1958, p. 197-198. Walker, J. R., 《The Sun Dance and other Ceremonies of the Oglala Division of the Teton Dakota》, *Anthropological Papers of the American Museum of Natural History*, vol. XVI. part. II, 1917, p. 194-195, Kant, E., *Critique de la faculté de juger*: première partie, livre II, §53. Ingres, J. A. D., 《Notes et pensées》, *op. cit.*, p. 95-96. Boas, F., *Primitive Art*, Oslo, 1927, p. 29, 46-54 et *passim*. Benveniste, E., *Problèmes de Linguistique générale*, Paris, Gallimard, 1996, I, p. 327-355. Cabanne, P., *Entretiens avec Marcel Duchamp*, Paris, Belfond, 1967, p. 57-58.

XXIII

Diderot-D'Alembert, *Encyclopédie*: art. 《Vannerie》, 《Mandrerie》, 《Closerie》, 《Faisserie》, 《Lasserie》, *La Grande Encyclopédie*, Paris, 1885-1903: art. 《Vannerie》. Shackelford, R. S., 《Legend of the Klickitat Basket》, *American Anthropologist*, II,

1900, p. 779-780. Holmes, W. M., 《A Study of the Textile Art, etc. 》, *Sixth Annual Report, Bureau of American Ethnology* (1884-1885), Washington, D. C., 1888, fig. 289, p. 199. Barrett, S. A., *Pomo Myths*, Milwaukee (Bulletin of the Public Museum, vol. 15), 1933. p. 380-382. 301-302, 124. Hill-Tout, Ch., *The Natives of British North America*, London, 1907, p. 113. Eells, M., *The Indians of Puget Sound. The Notebook, of...*, Univ. of Washington Press, 1985, p. 96. Heaberlin, H. K., & E. Gunther, 《The Indians of Puget Sound》, *University of Washington Publications in Anthropology*, 4/1, 1930, p. 33. Jacobs, M., 《Kalapuya Texts》, *ibid.* 11, 1945, p. 20, 25, 37-38. Haeberlin, H. K., J. A. Teit, & H. H. Roberts, 《Coiled Basketry in British Columbia》, *Fourty-first Annual Report, Bureau of American Ethnology* (1919-1924), Washington, D. C., 1928, p. 390. Sapir, E., 《Wishram Texts》, *Publications of the American Ethnological Society*, 2, Leyden, 1909, p. 35. Adamson, Th., 《Folk-Tales of the Coast Salish》, *Memoirs of the American Folk-Lore Society*, XVII, New York, 1934, p. 254. Ballard, A. C., 《Mythology of Southern Puget Sound》, *University of Washington Publications in Anthropology*, 3/2, 1929, p. 104. Boas, F., 《Zur Mythologie der Indianer von Washington und Oregon》, *Globus*, 63, 1983, Jacobs, M., 《Northwest Sahaptin Texts》, *Columbia University Contributions to Anthropology*, 19/1-2, 1934, p. 188-189. Cadogan, L., 《Ayvu Rapita, etc. 》, *Antropologia 5*, *Boletim 227*, Universidade de São Paulo, 1959, p. 82. Clastres, P., *Le Grand Parler*, Paris, Seuil, 1974, p. 76-77. Magalhaes, Couto de, *O Selvagem*, 4e éd., São Paulo, Biblioteca Pedagogica Brasileira, 1940, p. 233. Hissink, K. & A. Hahn, *Die Tacana. I. Erzählungsgut*, Stuttgart, 1961, p. 367, 85, 226. Toth, N., D. Clark & G. Ligabue, 《The Last Stone Ax Makers》, *Scientific American*, July 1992, Ikeda, H., *A Type and Motif Index of Japanese Folk Literature* (FF Communications, vol LXXXIX, n° 209), Helsinki, Academia Scientiarum Fennica, 1971, p. 326 B, C, G. Yanagita, K., *Japanese Folk Tales*, Tokyo News Service, 1966, p. 60-61. Baudelaire, Ch., *Œuvres complètes*, *op. cit.*, p. 213-214.

XXIV

Walker, J. R., *Lakota Belief and Ritual*, University of Nebraska Press, 1991, p. 165-166. Boas, F., 《Tsimshian Mythology》, *Thirty-first Annual Report*, *Bureau of American Ethnology* (1909-1910), Washington, D.C., 1916, p. 555, 152-154. Seguin, M. (ed.), *The Tsimshian. Images of the Past. Views for the Present*, Vancouver, University of British Columbia Press, 1984, p. 164, 287-288. Boas, F., 《The Nass River Indians》, in *Report of the British Association for the Advancement of Science for 1895*, p. 580. Swanton, J.R., 《Haida Texts》, *Memoirs of the American Museum of Natural History*, vol. XIV, New York, 1908, p. 457, 489; 《Tlingit Myths and Texts》, *Bulletin 39*, *Bureau of American Ethnology*, Washington, D. C., 1909, p. 181-182.

©Plon，1993

ISBN：2-259-02715-6

图书在版编目（CIP）数据

看·听·读/（法）克洛德·列维-斯特劳斯著；顾嘉琛译.
北京：中国人民大学出版社，2006
（列维-斯特劳斯文集；12）
ISBN 978-7-300-07014-8

Ⅰ. 看…
Ⅱ. ①克…②顾…
Ⅲ. ①艺术-鉴赏-世界②艺术评论-世界
Ⅳ. J051

中国版本图书馆 CIP 数据核字（2005）第 148699 号

列维-斯特劳斯文集 ⑫
看·听·读
［法］克洛德·列维-斯特劳斯 著
顾嘉琛 译

出版发行	中国人民大学出版社		
社　　址	北京中关村大街 31 号	**邮政编码**	100080
电　　话	010－62511242（总编室）		010－62511770（质管部）
	010－82501766（邮购部）		010－62514148（门市部）
	010－62515195（发行公司）		010－62515275（盗版举报）
网　　址	http://www.crup.com.cn		
经　　销	新华书店		
印　　刷	北京尚唐印刷包装有限公司		
开　　本	890 mm×1240 mm　1/32	**版　　次**	2006 年 1 月第 1 版
印　　张	7 插页 7	**印　　次**	2023 年 8 月第 2 次印刷
字　　数	109 000	**定　　价**	89.00 元（精装）

版权所有　侵权必究　印装差错　负责调换